EXCURSION

EN

ITALIE

PAR

Alfred DARCEL

Administrateur de la Manufacture nationale des Gobelins
Membre du Comité des Travaux historiques

ROUEN

IMPRIMERIE DE LÉON BRIÈRE

—

1879

EXCURSION EN ITALIE

EXCURSION

EN

ITALIE

PAR

Alfred DARCEL

Administrateur de la Manufacture nationale des Gobelins
Membre du Comité des Travaux historiques

ROUEN

IMPRIMERIE DE LÉON BRIÈRE

—

1879

A M. Alexandre BASILEWSKI

Mon cher ami,

Acceptez ce souvenir d'une trop rapide excursion faite avec vous dans quelques villes du Nord de l'Italie.

Aussi bien c'est à votre appel que j'ai été revoir une foule de monuments que je n'avais fait qu'apercevoir, il y a de bien longues années déjà, et vous savez pourquoi je m'y suis rendu.

Une question nous divisait depuis longtemps.

Nous n'étions pas d'accord sur la provenance de certains ivoires du moyen-âge qui font partie de votre collection, que l'on vous avait donnés comme italiens et que je revendiquais avec insistance pour nos imagiers français.

J'avais pour moi l'analogie. Les ivoires en question rappellent trop la statuaire de nos cathédrales pour n'avoir pas commune origine. Mais il me manquait d'avoir étudié sur place les monuments de la sculpture italienne du douzième au seizième siècle.

C'est ce que j'ai fait avec vous à Pise, à Florence, à Bologne, à Milan et dans la Chartreuse de Pavie, et si, sur tout ce que nous avons vu, il nous est arrivé de ne pas nous trouver plus d'accord que les anciennes familles florentines des Strozzi et des Riccardi ne l'étaient sur d'autres questions, celle qui nous partageait au départ n'a pas tardé à cesser d'exister.

Sauf pour les œuvres rares d'un artiste qui pourrait bien être Andrea Pisano, et qui sont visiblement inspirées de la statuaire française, à laquelle elles sont postérieures, la sculpture italienne, barbare encore au treizième siècle, de caractère antique dès son réveil par Niccola Pisano, ne présente aucun rapport avec la nôtre, qu'elle dépasse bientôt à partir du quinzième. Lorsqu'aux œuvres de la sculpture il se mêle de l'architecture, la différence est bien plus accentuée.

Puisque nous sommes aujourd'hui d'accord, mon cher ami, pourquoi, allez-vous me dire, ne pas garder pour moi ce que j'ai pu faire d'observations pendant notre voyage et me mêler d'écrire un nouveau livre sur l'Italie, après tant d'autres qui l'ont fait beaucoup mieux et avec beaucoup plus d'études?

La cause en est bien simple. J'ai voulu revoir par la pensée ce que j'avais vu par les yeux et, coordonnant mes notes et mes souvenirs, alors qu'ils étaient encore récents, débrouiller la confusion de tant de choses qui ont passé un peu rapidement devant moi. Certainement, cependant, je ne me serais pas donné cette peine ou ce plaisir si je n'avais été poussé par l'aiguillon de la publicité.

D'ailleurs, j'apporterai peut-être un esprit particulier dans ces pages.

Vous m'avez souvent trouvé, en effet, sévère pour les architectes italiens, et je le suis encore, dût-on m'accuser d'être par trop Français. Vous retrouverez donc ici la préoccupation constante où vous m'avez vu de rechercher en quoi notre art français avait devancé celui des Italiens, et en quoi il lui était supérieur.

Ce travers, si c'en est un, vous rendra encore plus personnels ces souvenirs de voyage, où je parle un peu de tout à l'aventure, suivant le hasard des rencontres, comme nous l'avons vu, sans autre prétention que de traduire fidèlement mes impressions.

Mais en voilà bien long pour une dédi-

cace. Aussi je l'interromps brusquement.
Je n'ose dire que je fais comme les tunnels
qui nous cachaient pour un instant les magnifiques paysages de la Méditerranée, de
l'Apennin ou des Alpes, parce que la comparaison serait bien ambitieuse pour ces
pages de

Votre très affectionné,

ALFRED DARCEL.

EXCURSION

EN ITALIE

Ceci n'a aucune prétention à être un récit de voyage, — qu'on se rassure. — L'Italie a été trop souvent décrite par ceux qui l'ont visitée pour que nous tentions de la décrire de nouveau, après une course rapide à travers quelques-unes de ses villes. Dans les lignes qui vont suivre nous dirons seulement ce qui nous a frappé, et nous nous tiendrons surtout en garde contre les admirations stéréotypées, tâchant de voir par nos yeux et de n'être point dupe du convenu.

Un ami qui a passé dans le Midi de la France, qui lui a été peu clément, une partie du mois de décembre, nous écrit qu'il part pour Florence et qu'il nous y attend afin de discuter en face des monuments certaines questions d'art sur lesquelles nous ne sommes pas d'accord. Il s'agit de la sculpture du moyen-âge en France et en Italie. Nous partons en toute hâte dans les premiers jours de janvier pour le rejoindre et pour nous remettre en même temps des excès de plume que l'Exposition universelle nous a fait commettre.

Commodément installé dans un sleeping-cart qui doit nous épargner une partie des fatigues d'un trajet long et rapide, nous nous endormons par le travers de Villeneuve-Saint Georges, — aux portes de Paris, — et nous nous réveillons dans une vallée étroite, un simple couloir entre deux falaises à pic qui sortent d'immenses talus arides formés de gravois que les siècles ont arrachés à leurs flancs et accumulés à leur pied.

Aucune trace de végétation sur leurs pentes sans accidents, et à peine quelques broussailles dans les anfractuosités des rochers. Mais un cours d'eau rapide roule à pleins bords le long de la voie ses eaux qui, au débouché du couloir, s'épendent à travers les prairies couvertes de glace et de neige.

Nous sommes aux environs de Culoz et le train se dirige à toute vapeur vers les Alpes.

La plaine s'étend horizontale et assez loin jusqu'au pied des montagnes aux formes arrondies qui en émergent au fond. On devine qu'un long travail de désagrégation s'est opéré sur les roches qui les constituent pour former la vallée où coulent le Rhône et ses affluents.

Puis les montagnes se rapprochent, ou plutôt nous nous rapprochons d'elles. Nous passons sous une éminence que domine un vieux château encore habité. La nuit d'un tunnel nous cache tout pour un instant, et de la galerie du sleeping-cart, où nous nous promenons après avoir fait notre toilette, nous longeons le lac du Bourget, que domine à l'une de ses extrémités le châ-

teau que nous venons d'apercevoir sur une
autre face, et qui est le château de Châ-
tillon. Quel site magnifique ce doit être en
été !

Une plaine étroite borde le lac du côté
où est établie la voie, mais du côté opposé
les pentes abruptes de la montagne sortent
des eaux : un pic aigu — la dent du chat —
les domine. La course est longue et charmante.

Aix, qu'on traverse, n'est point sur le lac,
et à mesure qu'on approche de Chambéry,
et surtout lorsqu'on l'a dépassé pour entrer
dans la vallée de l'Isère, qu'on ne fait presque que traverser, les montagnes se resser-
rent. Après Saint-Jean-de-Maurienne, la
voie longe le torrent de l'Arc, qui a creusé
son lit au fond de quelque moraine, car
toute la vallée présente un sinistre aspect
de désolation. Partout des blocs de rocher
disséminés, parmi lesquels la houe laboure
ce qu'il peut exister de terrain meuble.

Cette lutte de la volonté humaine contre
la nature s'accentue à mesure qu'on approche de Modane. Le torrent aux eaux vertes
roule parmi les rochers au-dessous du chemin de fer qui le suit, et monte avec lui
sur une étroite banquette aplanie par la
main de l'homme. Sur l'autre rive sont
quelques villages bâtis en pierres brutes et
noires, qui les confondent par la couleur
avec la montagne à laquelle ils sont ados-
sés. Cette montagne monte, monte jusqu'aux nuages qui en cachent le sommet,
et qui se condensant sur ses cîmes lui forment une couronne de neige. Partout où
parmi les taillis l'industrie humaine a pu
bâtir un mur en pierre sèche et y retenir

un peu de terre arable on a, suivant les
expositions et les hauteurs, planté la vigne
ou semé les céréales. Ces gradins irrégu-
liers se succèdent aussi haut que l'œil peut
monter.

Le fumier doit coûter cher une fois qu'il
est porté là-haut, et nous pensions que si
le paysan obstiné qui laboure ces champs
qu'il a formés lui-même, pouvait, pour les
rendre féconds, emporter dans sa poche
quelques pincées de l'engrais chimique que
n'aime pas notre ami Jean Labêcne, la
science lui aurait rendu un signalé service.

Nous ne dirons rien du tunnel sous les
Alpes : maintenant qu'il est terminé, on ne
peut s'apercevoir du wagon des difficultés
qu'a rencontrées son exécution. Il est noir
comme tous les tunnels, et nous croyons
nous être endormi pendant les trois quarts
d'heure que nécessite la traversée.

Sur le versant italien, le spectacle est à
peu près le même que sur le versant français, avec un peu plus de neige et plus de
grandeur désolée peut-être. Rien n'est beau
comme ce qu'on appelle le Pas-de-Suse. La
plaine est étroite, et la voie qui la suit surplombe de plusieurs centaines de mètres le
torrent qui coule entre deux escarpements.
En hiver, toute végétation a disparu, et les
villages, clair-semés sur l'autre versant, ne
s'en distinguent que par la régularité des
ouvertures noires de leurs chaumières
basses. Le soir se fait, le soleil frappe encore sur les cîmes plaquées de neige, et
l'air, d'une remarquable transparence, ne
laisse rien perdre des détails du paysage.
Des teintes violettes colorent tout ce qui
est dans l'ombre, et la gorge aride où coule

le torrent s'écarte de la voie, noyée d'ombres dont les colorations violettes vont en s'assombrissant dans les profondeurs du lointain.

J'ai revu le Pas-de-Suse au retour, mais en plein jour, et je dois dire que, s'il m'a toujours semblé aussi beau, il a besoin des ombres mystérieuses du soir pour apparaître dans toute sa grandeur.

Suse, dans la vallée, apparaît comme un plan en relief, des hauteurs où circule le chemin de fer, passant d'un tunnel à un viaduc, et d'un viaduc à un tunnel, pour descendre peu à peu au niveau de la plaine, où la nuit nous prend.

De Turin, je ne vois que les abords de la gare, qui paraissent grandioses. Tandis que le train qui doit m'emmener à Gênes se forme, je vais acheter une carte postale italienne. J'y écris quelques mots avec la plume du commis aux bagages, je la jette dans la boîte du train qui va partir pour la France et, admirant les facilités de toute sorte que le progrès a mis au service des voyageurs et de tous, je me replonge dans le mouvement et dans la nuit.

Nous passons sous Gênes. Le chemin de fer suit le littoral de la Méditerranée jusqu'à la Spezzia et même au-delà ; et la lune, qui s'est levée, éclaire les flots qui déferlent en longues lames écumeuses sur la grève ou qui se brisent sur les rochers. Le vent a dû souffler pendant la journée, car généralement la Méditerranée est plus calme. Mais je ne m'en plains pas, et l'œil collé à la portière j'admire les anses gracieuses que la voie surplombe, parmi quelques pins maritimes qui penchent sur les flots. Puis la rive s'éloigne, on aperçoit la courbe d'un cap ; les cyprès — le *lenta cupressus* de Virgile — dressent leurs hautes tiges sombres parmi les oliviers gris des vergers et... un tunnel vous plonge dans le noir. Puis il vous quitte sur l'autre versant du promontoire pour vous laisser voir une nouvelle anse et vous reprendre encore. Ce brusque effet de lanterne magique dont on retire le verre et la lanterne, est assez désagréable, mais le spectacle est charmant lorsque le verre est en place et la lanterne allumée.

Pise.

Pise fut une ville maritime et la rivale de Florence. C'est une ville morte aujourd'hui. Pas une barque sur l'Arno.

Pour le voyageur, elle se résume en cinq monuments : la chapelle della Spina, la cathédrale, le baptistère, la tour penchée et le Campo-Santo.

Santa Maria della Spina, ainsi nommée parce qu'elle est dédiée à la Vierge et fut construite pour renfermer une épine de la sainte couronne, est une construction du quatorzième siècle attribuée au sculpteur Giovanni Pisano dont nous verrons plus tard les œuvres.

Elle était bâtie jadis sur la rive basse de l'Arno, mais comme le fleuve a été nouvellement enserré dans des quais, la chapelle a été démolie pierre par pierre, et l'on achève de la rebâtir sur la chaussée actuelle. Comme elle est construite par assises alternées de marbre blanc et noir, à distance elle semble avoir été cerclée pour faciliter

l'opération qu'elle vient de subir. Il a fallu
nous approcher pour reconnaître notre er-
reur. Ces bandes blanches et noires, qui
coupent horizontalement un édifice où
c'est l'élément vertical qui doit dominer,
comme dans tous les monuments de style
gothique, sont du plus fâcheux effet.

Si nous examinons les détails, nous ne
sommes guère plus satisfait. C'est précieux
et lourd, avec ses colonnes torses, le réseau de ses fenêtres, encombré de rosaces,
ses frontons, ses pinacles et ses clochetons
surchargés de crochets aux formes molles
et de statues sans allure.

Si nos maîtres de pierre avaient eu à leur
disposition d'aussi beaux matériaux quelle
œuvre ils eussent faite et comme ils eussent
amenuisé la matière et donné de l'accent à
toute cette architecture.

Les uns disent que *Santa Maria della Spina* fut commencée en 1230 et serait le premier édifice de style gothique élevé en
Italie. D'autres en font honneur à Giovanni
Pisano vers 1278. Cette dernière date est
plus probable. Mais le monument ne fut
certainement terminé que dans les dernières années du quatorzième siècle, sinon
la décadence du gothique, qui ne réussit jamais, d'ailleurs, à s'implanter dans la péninsule, aurait précédé dans ce pays son
efflorescence en France, où il est né et où il
s'est développé.

Nous n'en croyons rien et le premier
monument qu'il nous est donné de voir
contredit pour nous toutes les dates admises
et les admirations convenues.

Malheureusement il est dimanche, le
chantier est fermé, nous ne pouvons péné-

trer dans l'intérieur, ni surtout voir la statue de la Vierge, *la Madona della Rosa*, qu'on dit une œuvre fort remarquable de Nino Pisano, bien que la gravure que nous en connaissons ne nous indique rien de bien différent de nos belles vierges gothiques du quatorzième siècle.

Dans un coin désert de l'enceinte de Pise sont reléguées la cathédrale et ses dépendances.

Chez nous, en France, les architectes ont toujours cherché à réunir le clocher à l'église, et ils ont ainsi réalisé depuis le onzième siècle ces magnifiques conceptions dont toutes nos cathédrales sont les plus éclatants exemples.

Les architectes italiens n'ont jamais pu arriver à cet ensemble. La tradition antique leur a toujours nui à cet égard. Ainsi en est-il de la cathédrale de Pise. L'église est d'un côté, le clocher de l'autre. Le baptistère est ailleurs, et le cloître, qui dans l'ensemble des constructions de nos églises dépendant d'une communauté de chanoines ou moines, flanque un des bas-côtés de l'église, le cloître est à part : il est vrai que ce cloître est le Campo-Santo.

Une galerie couverte en charpente entoure un préau dont la terre a été apportée de Palestine par les flottes pisanes, afin de servir à l'inhumation des pieux habitants de la cité. Les arcades de ce cloître ont été garnies après coup d'un réseau gothique, opération faite avec assez peu de soin pour qu'il soit facile de s'en apercevoir. Les piles ont été buchées, en effet, afin de recevoir les encadrements de ce réseau qui ne fait pas corps avec elles, ainsi que cela se pratiquait en France.

Tout le monde a entendu parler de ce cloître et des fresques qui décorent ses murs : du *Triomphe de la Mort*, d'Orcagna, et de son *Jugement Dernier*, qui a été en grande partie si mal restauré ; de la suite de la scène de la Genèse, où Benozzo Gozzoli a souvent montré tant de grâce, et de sa *Vergognosa* qui passe derrière Noë couché à terre dans la nudité que l'on sait, et qui met sa main devant ses yeux, mais qui entr'ouvre ses doigts afin d'apercevoir au moins quelque chose.

Qu'un peintre aille se permettre une pareille licence aujourd'hui dans une œuvre épique et religieuse !

La peinture de l'une des fresques de ce maître aimable est complétement tombée, mais il est resté sur l'enduit du mur le trait à la sanguine de toute sa vaste composition, ce qui est d'un grand intérêt pour l'histoire de la pratique de l'art au quatorzième siècle.

Les nobles Pisans ne se contentaient pas de se faire enterrer en vraie terre sainte, ils se faisaient enfermer dans des sarcophages antiques, et, grâce à eux, les galeries du Campo-Santo sont devenues un magnifique musée de sculpture, parfois grecque, mais surtout latine. Afin que nul n'ignorât que derrière un bas-relief représentant l'Amour et Psyché, Phèdre et Hippolyte ou tout autre sujet payen, reposait un bon chrétien, celui-ci avait eu le soin de faire écrire en belles lettres onciales, sur le bord de l'urne ou du couvercle, que cet ensemble était la sépulture de tel ou de tel.

Parmi ces œuvres antiques, on en a

classé qui appartiennent au Moyen-Age.
Elles sont en général si barbares, qu'on n'a
pas hésité à les attribuer au dixième siècle.
Malheureusement pour l'attribution, les
artistes qui les ont taillées étaient si peu
modestes, qu'ils ont pris soin de trans-
mettre leur nom à la postérité, et ils l'ont
fait en usant de lettres qui trahissent l'é-
poque où ils vivaient.

Des bas-reliefs moitié figures moitié
ornement, exécutés à coups de trépan,
comme faisaient les artistes romains de la
décadence, — et à peine ciselées, — plus
barbares que les chapiteaux de la salle capitulaire de Saint-Martin-de-Boscherville,
portent dans leur épigraphie toutes les
marques du douzième et peut-être du treizième siècle.

Mais n'insistons pas. Sans quitter Pise,
nous aurons à revenir sur cette question.

Avant de quitter le Campo-Santo, notons
le buste d'Isotta da Rimini, attribué à Mino
da Fiesole, un sculpteur charmant.

Cette Isotta est loin d'être jeune sur son
buste, et surtout d'être belle. Ses sourcils
sont deux arcs très élevés qui enchâssent
un œil à la paupière épaisse; la lèvre supérieure est très longue, et la bouche grande.
Cependant, pour cette femme, un des nombreux tyranneaux qui, au quatorzième
siècle, étaient alternativement au service
du pape et de l'empereur, repoussa une
jeune fille qu'on voulait lui faire épouser,
empoisonna sa première femme et assas-
sina la seconde. Isotta était une maîtresse
femme, qui avait pour elle d'être de bon
conseil.

Suivant une coutume de la primitive église, où le baptême n'était administré qu'au retour de certaines fêtes, le baptistère de Pise est distinct de l'église. C'est une rotonde de marbre blanc et noir, ornée de deux rangs d'arcatures en plein cintre portant sur des colonnes à chapiteaux corinthiens, surmontés de frontons et de pinacles de style gothique italien, additions bien postérieures à la construction, qui servent de couronne à la base du dôme de plomb qui recouvre la coupole intérieure.

Une inscription trois fois précieuse est gravée sur un des piliers qui divisent l'intérieur en une rotonde centrale entourée d'un bas-côté. D'abord, elle donne le nom du maître de l'œuvre; puis la date de l'exécution, et enfin des caractères épigraphiques qui peuvent servir à dater d'autres inscriptions. Celle-ci porte la date du mois d'août 1153.

Or, les sculptures qui décorent la principale des quatre portes d'entrée du baptistère sont absolument de caractère antique pour l'ornement et de style grec pour les figures.

Cent ans après l'édification de ce baptistère, un sculpteur pisan le décorait d'une chaire de marbre qui causa l'admiration de son temps et qui fait aussi la nôtre et en même temps notre étonnement.

L'art italien, et surtout la sculpture, était plongé dans la barbarie au treizième siècle. On y vivait sur la tradition grecque. Le peu que nous en avons déjà aperçu nous le montre, et ce que nous verrons encore nous le confirmera. Et voilà qu'un homme formé à l'école des sarcophages réunis au

Campo-Santo, renoue du premier coup la tradition antique, et, en 1260, inaugure la Renaissance italienne.

A la même époque, un autre artiste de génie, Giotto, à Florence, introduisait le sentiment dans l'art byzantin et en assouplissait les rigides draperies, ouvrant ainsi la voie à un esprit nouveau, mais plus tendre.

La chaire de Niccola Pisano est célèbre. Elle se compose d'un hexagone porté par l'intermédiaire d'arcs ogives sur sept colonnes : six au pourtour et une centrale. On y accède par un escalier de marbre accroché à une colonne adjacente. Les profils des bases sont ceux de notre architecture gothique du treizième siècle ; les chapiteaux sont un compromis entre les nôtres et ceux de l'antiquité. Il y a, en définitive, une influence gothique évidente dans l'architecture. Mais la statuaire, ou plutôt une grande partie de la statuaire, a été exécutée sous une influence évidemment antique.

Les figures sont courtes, les têtes lourdes, le bas du visage épais et empâté ; la musculature est très étudiée dans les nus ; quant aux draperies, elles sont tellement celles des sarcophages que, dans les bas-reliefs qui garnissent cinq des faces de la chaire, — la sixième est ouverte pour l'entrée, — nous retrouvons des figures entières que nous venons de voir dans le Campo-Santo.

Ainsi, dans *la Naissance du Christ*, la Vierge diadêmée qui est couchée en arrière de la crèche ; dans *l'Annonciation*, cette même Vierge debout et coiffée de même, sont des figures romaines.

Le Bacchus d'un vase se retrouve dans une des figures de *l'Adoration des Rois*.

Mais à côté de ces emprunts faits à l'art romain, qui a imposé son caractère à l'œuvre, il y a quelques figures absolument gothiques. Elles sont parmi celles des écoinçons des arcs ogivaux. Nous en comptons quatre pour le moins auxquelles un modelé relativement plat, des têtes très caractérisées, à l'abondante chevelure et à la longue barbe, des plis nombreux et cassés donnent une physionomie absolument différente de celle des bas-reliefs et des statuettes debout sur les chapiteaux, à la rencontre des arcs qui supportent la chaire.

Nous ne serions pas étonné de voir dans ces figures l'œuvre d'Andrea Pisano, un des élèves de Niccola, qui, d'après les sculptures que nous verrons de lui, semble avoir apporté en Italie la statuaire gothique du Nord, nous n'osons dire de la France.

Il eut d'ailleurs à se débattre contre les influences de l'école dont fut profondément imprégné le propre fils du maître, Giovanni Pisano, l'auteur de quelques figures que nous avons vues dans les galeries du Campo-Santo, dont il est l'architecte.

Les plus célèbres forment un groupe composé d'une figure de femme allaitant deux enfants, et que nous avions prise pour une *Charité*, et qui serait la ville de Pise, sur un haut piédestal qu'entourent quatre figures symboliques, grandes comme elle : une vieille femme, armée du glaive et de la balance, représente évidemment *la Justice*; une jeune, tenant un compas et une corne d'abondance, serait *la Prudence*, qui règle tout par compas; un aigle d'une magnifique tournure les sépare. Au revers, une femme nue, copiée sur *la Vénus* antique, serait *la Tempérance*, qui a pour pendant *la Force*, dont un aigle la sépare.

L'aspect du groupe est étrange, mais l'œuvre est loin d'être belle. Les têtes lourdes, et quelque peu sauvages, s'emmanchent mal sur les épaules des personnages trop courts.

On attribue aussi à Giovanni Pisano une figure de philosophe, portée sur un piédestal de style gothique, sur lequel sont sculptés les sept arts de rhétorique et la philosophie, ensemble qui est loin d'être aimable.

Le Campo-Santo fut construit vers 1278, et c'est à cette époque qu'apparurent Niccola et Giovanni Pisano.

Quel était l'état de la sculpture en France à cette époque ?

Les admirables figures des porches latéraux de Chartres, des façades d'Amiens, de Reims et de Paris, le merveilleux bas-relief du *Martyre de saint Étienne*, au transept sud de la même église, étaient sculptés et depuis longtemps déjà. On bâtissait, à Rouen, le portail des Libraires.

Si une seule de ces œuvres, malheureusement anonymes, se trouvait en Italie, avec quelle exagération elle serait vantée ! et son auteur connu — il n'aurait eu garde de se laisser dans l'oubli — aurait eu l'honneur d'être biographié sur tous les tons de l'enthousiasme.

Ceci n'empêche pas que Niccola Pisano n'ait été un créateur qui a fait sortir la sculpture italienne de la barbarie où elle se débattait encore en plein treizième siècle, tandis qu'en France elle avait reçu tous les développements que comportait sa subordination à un style particulier d'architecture.

Le Dôme est une église en croix, bâtie ou plutôt plaquée d'assises de marbre blanc et noir alternés.

A l'extérieur elle est ornée d'un rang d'arcades en plein cintre portant sur des pilastres que surmonte un second rang de pilastres. Des fenêtres en plein cintre, rares et étroites, sont percées dans le champ de quelques-unes de ces arcades.

A l'extérieur l'église est à cinq nefs séparées par des colonnes antiques, dont les chapiteaux corinthiens portent des arcs sans moulures.

Une double galerie surmonte les nefs latérales. Celle qui borde la nef centrale se prolonge à travers les transepts, et vient buter contre le mur droit du chevet, tandis que la galerie extérieure vient contourner les transepts. De cette façon, ces transepts forment comme des chapelles indépendantes de la nef, dont elles sont séparées par la galerie.

Il y a quelque chose de ce plan, mais avec des modifications importantes et qui laissent nos constructeurs Normands, même du onzième siècle, bien au-dessus des constructeurs Italiens leurs contemporains, dans celui des transepts de Saint-Georges-de-Boscherville et dans ce qu'on devine de ceux de l'abbaye en ruines de Jumiéges.

La galerie supérieure est à deux nefs, comme les bas côtés qu'elle recouvre, mais une seule est voûtée, l'autre est en appentis.

La nef n'est éclairée que par les fenêtres latérales et encore elles sont garnies de vitraux.

Le soleil brille, un beau soleil d'hiver, et l'église est sombre.

Une charpente, aujourd'hui cachée par un plafond doré, recouvre la nef centrale. C'est probablement la difficulté de l'établir sur la croisée de la nef avec les transepts qui a fait prolonger les galeries de cette nef à travers ces transepts, afin de lui donner un point d'appui. La coupole qui existe aujourd'hui doit être le résultat de remaniements postérieurs dont on reconnaît des traces nombreuses.

Le Campanile, plus connu en France sous le nom de *la tour penchée*, s'élève en arrière du chevet. Une galerie en spirale, portée par des colonnes, enveloppe son cylindre et sert à monter à son sommet. Lorsque l'on circule dans la partie qui surplombe et qu'on n'est séparé du vide que par des colonnes qui laissent entre elles un assez large intervalle, on n'est pas sans éprouver une certaine appréhension du vertige. L'inclinaison est, en effet, de 4 mètres 30 pour une hauteur de 48 mètres 65.

Pise aurait certainement d'autres monuments à nous montrer, mais le temps ne m'a permis qu'une longue station dans le coin solitaire où reposent, loin du tumulte des vivants, les quatre monuments qui m'ont fort inégalement intéressé.

En retournant à l'hôtel, puis au chemin de fer, je longe les quais de la rive gauche

de l'Arno, et mon œil s'enfonce dans un
tas de ruelles étroites et sombres, qu'enjambe parfois une arcade où pend un hail-
lon qui sèche, et je pense à la vie rude et
sombre des citoyens de ces républiques
italiennes du moyen-âge.

Florence.

Le centre de Florence n'a pas changé d'aspect depuis les trente-sept ans que j'y suis
venu. Je retrouve sur le quai, le Lung-Arno,
ainsi qu'on l'appelle, la petite maison meublée que j'habitais. Le pont de la Trinita a
conservé ses écussons rococo sur les clefs
de ses arcs, et en face, le soubassement du
chevet d'une église éclairée par deux fenêtres en éventail plonge toujours dans les
eaux de l'Arno, quand il y a de l'eau. A
droite, le ponte Vecchio tout couvert de
boutiques d'orfévres, comme l'ancien pont
au change de Paris, porte encore la galerie qui relie les Uffizi au palais Pitti, et
pardessus on aperçoit encore les cyprès qui
entourent San-Miniato sur la colline qui,
dans le lointain, domine Florence. Les
croquis que j'ai faits jadis sont encore
exacts aujourd'hui.

Mais il n'y a plus la jeune et jolie bou-
quetière, coiffée d'un large chapeau de
paille, dont le quartier général était sous
la porte de ma maison et qui me fleuris-
sait, à ma sortie, ainsi d'ailleurs que tous
les étrangers.

La vieille femme épaisse et lourde, ridi-
culement coiffée du chapeau de paille traditionnel qui, aujourd'hui installée dans la

gare, fleurit les voyageurs au départ, est peut-être elle !

Mais depuis le temps dont je parle il est passé bien de l'eau sous le ponte Vecchio et bien des années sur nos têtes !

La place Della Signoria qui m'avait tant impressionné jadis, lorsque je l'avais « découverte » sans m'en douter, est toujours la même, avec son robuste palais ducal couronné de créneaux que domine le haut campanile également crénelé, avec sa loggia dei Lanzi remplie d'œuvres de la sculpture, avec sa fontaine de Neptune aux nombreux personnages de marbre et de bronze de l'Ammanati, sa statue équestre de Côme Ier Médicis, œuvre assez médiocre de Jean de Bologne, et son échappée sur les portiques des Uffizi. Il n'y manque que le *David* de Michel-Ange, aujourd'hui mis à l'abri à l'Académie des beaux-arts, qui ne fait plus pendant à l'autre colosse, l'*Hercule* de Baccio Bandinelli. Puis, à l'amas de masures qui, en face du palais abritait jadis la poste aux lettres, on a substitué une belle maison toute neuve dans le style robuste des anciens palais florentins.

Les rues qui entourent cette place si pittoresquement merveilleuse, celles surtout qui avoisinent le Lung-Arno, sont toujours aussi étroites et aussi sombres, de vraies rues d'été. Des grilles ventrues défendent les fenêtres rares du rez-de-chaussée, et accidentent seules des façades plates que surplombent de larges larmiers aux poutres apparentes. Parfois une baie cintrée remplace les fenêtres, et derrière les vitrages qui les garnissent s'enfonce la voûte d'une boutique sombre. Des ruelles aux maisons aveugles ou borgnes se greffent sur ces rues moins étroites ; parfois une voûte les enjambe faisant communiquer deux maisons opposées. Sur le pas des portes des femmes, tête nue, causent les mains sur le *fuocone* où la braise se consume lentement sous des cendres chaudes, et des hommes, réunis aux carrefours, embossés dans leurs manteaux bleus, un feutre sur la tête, fument paresseusement leurs pipes en bois.

Parfois, comme s'il ne suffisait pas de ces larges auvents que forment les larmiers des toits, et qui ne laissent apercevoir qu'une étroite bande du ciel, une toile est tendue en travers de la rue ; elle projette son ombre sur quelques fruits et quelques légumes étalés le long des maisons, et sur la charrette, peinte en vermillon, du paysan qui les apporte. Les clous de cuivre qui constellent le collier de son maigre cheval, que protège parfois une couverture jadis rouge, jettent seuls quelques vives étincelles au milieu de ces choses aux colorations puissantes et sourdes. Mais c'est en été, nous nous en souvenons, qu'il faut voir ces rues marchandes, sous les toiles rayées de rouge ou de bleu qui les abritent contre les coulées de soleil qui percent l'ombre de leurs flèches d'or

En suivant, lorsque le jour fuit, le réseau de ces rues sinistres, il est impossible de ne point songer à l'histoire sanglante de ces villes italiennes, où les palais étaient en guerre contre les palais, les rues contre les rues, et les corporations les unes contre les autres. Tout est bâti pour la sûreté du maître du logis plutôt que pour son agrément.

Les palais les plus fastueux présentent eux-mêmes à l'extérieur le même caractère rébarbatif.

Ainsi le palais Riccardi, ainsi le palais Strozzi, les édifices les plus beaux que le quinzième siècle ait élevés à Florence.

On dirait des constructions préhistoriques en pierres brutes, comme Fiésole en montre encore d'importants vestiges.

Dans des murs épais tout couverts de bossages, deux rangs d'ouvertures cintrées que divisent une colonne centrale éclairant les étages supérieurs. Le rez-de-chaussée n'est percé que de petits jours carrés, placés très haut. Une corniche très simple et peu saillante soutient les poutres du larmier, qui se projette au loin. Les guides — même les plus sérieux — s'extasient sur la corniche du palais Strozzi et font un mérite au Cronaca, son auteur, de n'y avoir point prodigué « les festons et les astragales, » comme disait Boileau. Sur un monument qu'on dirait pélasgique, il a étendu un simple bandeau que surmontent quelques éléments empruntés à un monument antique.

Il s'est montré homme de goût; mais louer comme un chef-d'œuvre l'absence de tout ornement parasite, cela nous semble dépasser les limites des hâbleries permises.

Et dire que toute cette apparence robuste n'est qu'un mensonge. Ces bossages, ces pierres colossales, tout cela n'est qu'un placage, à ce qu'assure un architecte qui vient d'en faire une étude sérieuse; les pierres de la corniche elle-même seraient soutenues au moyen de crochets par la charpente du toît, au lieu de la soutenir.

De belles lanternes de fer, hérissées de pointes, garnissent les angles de ces demeures, et, sur leurs façades, des douilles de fer sont destinées à porter, les jours de fête, les hampes des étendards, dont l'étoffe pendante devrait passer à travers de larges anneaux combinés avec elles : ensemble qui se retrouve sur un grand nombre d'autres palais moins beaux, mais aussi massifs.

A l'intérieur, c'est tout autre chose. La voûte d'entrée débouche dans une cour intérieure qu'entoure une galerie voûtée dont les colonnes aux élégants chapiteaux portent des arcades sur lesquelles reposent les façades.

Des statues, des bas-reliefs, des écussons meublent ces galeries.

Une chapelle occupe toujours une pièce de ces palais-forteresses.

On y a prodigué le luxe des peintures, souvent pour le seul plaisir de les faire, car il est impossible de les apercevoir, tant les jours sont rares et étroits. Ainsi la chapelle du palazzo Vecchio n'est éclairée que par une étroite meurtrière, bien qu'elle soit placée en un étage très élevé. Mais les Florentins, du quatorzième au seizième siècle, semblent avoir été atteints de la rage de peindre. Leurs monuments leur offraient d'ailleurs de larges surfaces à décorer, mais par cela même fort mal éclairées. Leurs architectes, il faut le dire, ne semblaient pas se douter que des peintres viendraient après eux pour revêtir, souvent de chefs-d'œu-

vre, les murs lisses de leurs bâtisses. Et en
cela, comme en beaucoup d'autres choses,
ils se sont montrés inférieurs à ces derniers.

Après la place « della Signoria, » c'est la
place du Dôme qui attire surtout les étrangers, et, à vrai dire, elle est à elle seule
un musée.

Comme celle de Pise, la cathédrale de
Florence forme trois édifices distincts : l'é-
glise, le clocher ou campanile, et le baptistère.

Le plan de l'église est en croix avec abside
et transepts polygonaux, que domine une
coupole élevée sur la croisée. Commencée à
la fin du treizième siècle, elle n'est pas encore achevée aujourd'hui. A l'intérieur, c'est
un édifice pauvre et fort laid. A l'extérieur
c'est un placage de marbres, et la coupole,
tant vantée, est gâtée par la grossièreté
des matériaux qui la recouvrent.

L'église, qui a fait la réputation d'Arnolfo di Lapo, est conçue dans un style gothique hésitant. Tous les éléments sont empruntés à notre architecture du Nord; mais
Arnolfo di Lapo n'a pas su s'en servir. D'a-
bord, il n'a pas osé élever les voûtes de sa
nef, ce qui lui a permis de supprimer contreforts et arcs-boutants; mais, au-dessus
des arcs qui la séparent des bas-côtés, il n'a
trouvé de place que pour des oculus, afin de
l'éclairer; enfin, dans les larges travées, —
aussi larges que hautes, semble-t-il, — il n'a
pu percer que de hautes et étroites fenêtres
ogivales. De telle sorte que l'église est
sombre, même par le beau soleil.

Les vitraux qui garnissent les fenêtres y

sont pour quelque chose, mais ils seraient remplacés par des vîtres blanches, que le défaut de proportions existerait toujours entre les pleins et les vides.

Les supports des arcs de la nef sont de simples piliers à angles abattus que couronne un haut chapiteau à trois rangs de feuilles entablées sans saillie. Ils traversent pour ainsi dire ce chapiteau, pour en rencontrer un second au-dessous d'une galerie en encorbellement qui règne à la naissance des nervures de la voûte, et sont de plus coupés, entre deux, par deux rangs de moulures. Les architectes italiens, on le voit, se résignaient avec peine à accuser les lignes verticales du système de construction qu'ils nous empruntaient.

Le chevet et les transepts sont chacun divisés en cinq chapelles rayonnantes, mais à l'intérieur seulement. Leurs séparations sont enveloppées par le mur polygonal extérieur, de telle sorte que les jeux de lignes que forment toutes les chapelles isolées les unes des autres, comme au chevet de l'église Saint-Ouen par exemple, sont complétement perdus, et qu'il est impossible d'éclairer latéralement ces chapelles. Mais n'oublions pas que nous sommes dans un pays qui redoute la lumière.

Toute l'ossature est en pierre grise et les remplissages en crêpi blanc, ce qui contribue à donner un aspect fort triste à l'ensemble.

La coupole qui recouvre la croisée de Sainte-Marie-des-Fleurs fut l'objet de l'enthousiasme du quinzième siècle, et l'écho des hâbleries anciennes nous en arrive en-

core aujourd'hui à travers les phrases modernes des guides.

Certes, cette coupole est jetée à une grande
hauteur sur un vide de 45 mètres de diamètre : le tambour sur lequel elle est élevée lui donne une forme plus élégante et
moins écrasée qu'à celles de l'antiquité romaine et des églises de Ravenne et de Venise, qui l'ont précédée en Italie.

Mais il fallait que l'art de la construction
fût tombé bien bas en Italie, même au
commencement du quinzième siècle, pour
qu'on ait forgé tant de fables plus ou moins
ridicules sur les projets qu'on aurait ima-
ginés pour mener à bien cette vaste entre-
prise.

Ceux qui, comme M. Isabelle, l'architecte de la Douane de Rouen, ont fait une
étude particulière des édifices à coupole,
réduisent à leur juste valeur les difficultés
qu'on aurait eu à surmonter, et disent fort
sensément que, du moment qu'on avait à
la base de la coupole une corniche pour y
asseoir les échafaudages, le reste n'était
plus qu'une affaire de charpenterie. C'est
cette nécessité d'avoir des appuis intermédiaires qui dispensaient d'établir des échafaudages partant du sol qui a motivé la
plupart des saillies de l'architecture ogivale. Sur les abaques des chapiteaux, l'on
posait les cintres des arcs, et ces arcs une
fois bâtis, recevaient les gabarts du remplissage des voûtes. Croit-on, par exemple,
que la lanterne de la tour centrale de la
cathédrale de Rouen, dont la voûte est
jetée à 50 mètres de hauteur, ait été autrement construite, et que ses échafaudages
aient porté sur des piles partant du sol ?

Brunelleschi n'eut point d'ailleurs à lancer sur le vide des pendentifs qui font passer parfois du plan carré du support au plan circulaire de la coupole. Arnolfo di Lapo lui avait préparé une base octogone en bâtissant les quatre piliers de la croisée obliquement et aussi larges que les arcs qu'ils supportent. Sur cette base octogone, il a élevé huit voûtes ogivales, dont la poussée est moindre que n'eût été une voûte en plein cintre. Enfin, pour diminuer le poids de l'ensemble, il s'est contenté de bâtir la douelle intérieure et la douelle extérieure de sa coupole, c'est-à-dire de faire deux coupoles superposées reliées entre elles de place en place.

Cette église, si nue à l'intérieur, a reçu à l'extérieur un placage de marbres blancs, noirs et rouges, qui sont sans aucun rapport avec la construction, dont ils rompent toutes les lignes.

Les sculpteurs les plus éminents du quatorzième et du quinzième siècle ont, d'ailleurs, contribué à la décoration des portes et des hauts frontons compliqués qui les surmontent.

La façade, qui avait montré pendant trois siècles la nudité de sa construction en briques sous de grandes peintures qui voulaient faire croire au mensonge d'une architecture quelconque, reçoit aujourd'hui un placage semblable à celui des faces latérales et du chevet.

Ce chevet, pour terminer par un éloge cette longue critique, avec son plan polygonal de l'abside et des transepts, avec les petites coupoles qui les recouvrent, les contreforts, bien que pleins, qui les butent, le

tambour polygonal de la coupole, la galerie
qui règne à la base de celle-ci, présente un
ensemble de lignes et de surfaces brisées,
qui ajoute le mouvement à la grandeur.

Le Campanile est dû à Giotto, et comme
Giotto était un grand peintre, on s'incline
devant son architecture.

Cette tour carrée, flanquée sur les angles
de contreforts polygonaux, qui monte par
étages aussi haut qu'elle veut monter, et
qui s'arrête quand il lui plaît de s'arrêter,
est certes bien loin de la conception de nos
clochers gothiques, dont toutes les parties
s'enchaînent et naissent les unes des autres, les plus délicates des plus robustes. Il
y a une base, un corps et un couronnement, logiquement agencés. Ici, rien de pa-
reil. Les ouvertures des fenêtres ogives des
divers étages seules vont en s'ouvrant de
plus en plus, à mesure que l'on monte.
Mais la corniche arrête brusquement la
construction, sans que rien l'annonce ou le
prépare. Ce sont les détails qui seuls donnent de la valeur à cette construction, non
pas tant ceux de l'architecture sculptée,
qui est lourde et tourmentée comme tout le
gothique italien, mais ceux de la statuaire,
bas-reliefs et statues, qui interrompent les
placages de marbre, si chers aux bâtisseurs
de ce temps-là.

Le Baptistère, surtout célèbre par ses
portes de bronze, qui méritent bien leur
réputation, est un octogone surmonté d'une
coupole à huit pans comme celle de la cathédrale, qu'elle a précédée. On croit que
c'est un édifice antique, revêtu à l'extérieur

d'une arcature romane et de l'éternel placage de marbres blancs et colorés. Ce qu'il
y a de certain, c'est que l'extérieur n'annonce en rien l'économie de l'intérieur, et
qu'aux trois arcades de chaque face extérieure correspond à l'intérieur un ordre antique porté par deux colonnes et surmonté
d'une galerie.

D'étroites fenêtres ouvertes dans le tympan des arcades éclairent seules l'intérieur,
qui reste plongé dans l'ombre, si bien qu'il
est impossible d'apercevoir les mosaïques
du treizième au quatorzième siècle qui re-
vêtent la coupole, et bien difficile d'étudier
les monuments de sculpture qui ornent les
murs.

Les trois portes de bronze qui donnent
accès dans le baptistère sont célèbres dans
l'histoire de l'art. La première est d'Andrea
Pisano, qui la commença en 1330 pour l'a-
chever en 1339. Ses bas-reliefs, encadrés
dans des quatre-lobes à redans, représentent les huit Vertus et les différents faits
de la légende de saint Jean-Baptiste.

La forme des encadrements, que nous
notons ici, indique qu'une influence gothique domine dans cette œuvre remarquable.

Andrea Pisano réagit, en effet, contre les
tendances antiques de Niccola et de Giovanni Pisano, ses maîtres. Le style qu'il
faut bien appeler gothique, faute d'un autre nom, et que nous serions tenté d'appeler le style français, comme l'architecture
dont il est contemporain et d'où il procède,
où Andrea Pisano alla-t-il le prendre ?

A Venise, disent ses biographes. Mais,
lorsqu'il s'agit de Venise et des sculptures

des chapiteaux de la galerie du palais ducal ; qui sont gothiques, en effet, on dit
que celui qui les exécuta antérieurement à
l'année 1344 doit avoir reçu les leçons d'Andréa. Nous croirions plutôt le contraire. Il
était impossible, en effet, que ce dernier
trouvât sur le sol toscan quoi que ce soit
qui lui révélât le style depuis si longtemps
adopté par les imagiers français, car, ainsi
que nous l'avons dit, à propos de Pise, la
barbarie y régnait avant que Niccola Pisano
donnât à la sculpture la puissante poussée
que nous avons indiquée, poussée vers le
style antique et non vers celui du Moyen-
Age. C'est donc dans le Nord qu'il est allé
étudier ce dernier.

Or les sculptures de Venise sont-elles
antérieures ou postérieures à celles de
Florence ? — Ce serait un point à éclaircir.
— D'où procèdent ces sculptures de Venise,
et quelles sont les sculptures allemandes
qui ont pu servir à l'éducation des artistes
vénitiens qui les ont exécutées ? ce serait
un second point à mettre en lumière.

Nous ne parlons que de l'Allemagne,
parce que c'est elle qui, pendant le Moyen-
Age et une grande partie de la Renaissance, a été le plus directement en contact
avec Venise et l'Italie. Aussi, remontant
plus haut, il faudrait rechercher sous
quelles influences françaises l'art gothique
s'y est développé dans la sculpture, ainsi
qu'il l'avait fait dans l'architecture. Car il
faut toujours en revenir là. C'est la France
qui est la grande initiatrice du douzième
au treizième siècle.

Que le sentiment gothique soit arrivé à
Andrea Pisano directement de France, ou

indirectement par l'Allemagne et Venise, il est indéniable chez lui. Nous avons cru pouvoir lui attribuer quelques figures de la chaire du baptistère de Pise; les bas-reliefs de la porte du baptistère de Florence et les figures de marbre qu'on lui attribue sur le campanile du Giotto n'y contredisent point. Il existe même sur l'une des portes latérales sud du dôme, un fort beau groupe de la Vierge entre deux anges — motif qu'affectionnaient nos ivoiriers français du treizième siècle — qui est tellement gothique qu'on l'attribuerait facilement à un imagier de ce côté-ci des Alpes. On le donne, il est vrai, à Giovanni Pisano. Mais cette attribution nous semble absolument erronée, étant donné le style de ce que nous avons vu de lui au Campo-Santo.

Maintenant, qu'Andrea Pisano se soit laissé influencer tant par le sentiment italien que par les exemples de Giotto, pour lequel ou sous lequel il travailla, la chose va de soi.

Les deux autres portes sont de Lorenzo Ghiberti, et l'on sait qu'elles ne furent exécutées qu'à la suite d'un concours, où un jeune homme de vingt-trois ans l'emporta sur six concurrents, parmi lesquels se trouvait Brunelleschi. Les bas-reliefs du concours de ces deux artistes sont exposés au musée municipal. *Le Sacrifice d'Abraham* en était le sujet. Nous devons dire que le concours nous semble avoir été bien jugé et que le bas-relief de Ghiberti nous semble mieux composé que celui de Brunelleschi. Dans celui de ce dernier, les deux serviteurs et l'âne occupent une place trop importante au premier plan, et relèguent la scène principale au second. Dans celui du vainqueur, le groupe accessoire est habilement dissimulé sous un rocher, dont les déclivités portent l'autel, Abraham , son fils et le bélier indispensable.

Maintenant, on s'est mis en frais de rhétorique afin de prouver que l'Abraham de l'un est brutal dans son action, parce que le couteau est déjà sur la gorge du jeune homme , et que l'ange arrête son bras; tandis que celui de Ghiberti est « un père qui, tout en s'inclinant devant l'ordre du Très-Haut, espère encore, » parce que le couteau est plus éloigné de la victime.

Tout cela est très joli, mais que Dieu nous préserve de la phrase !

La première des portes, celle qui fut exécutée à la suite du concours, et commencée en 1403, est encore d'un sentiment légèrement gothique, et, ce qui nous en plaît surtout, suit encore les lois du bas relief. Ce n'est que dans la porte suivante, commencée en 1427, que Ghiberti s'est montré « un peintre en bronze. »

C'est la meilleure critique que l'on puisse faire de ces compositions charmantes, dont Benozzo Gozzoli nous semble s'être souvenu dans les peintures du Campo-Santo. Les divers épisodes de vrais tableaux s'enchaînent dans la perspective des édifices ou des paysages. Tout ceci est d'un grand goût dans les détails et d'une exécution supérieure, mais déplorable dans la conception de l'ensemble, considéré au point de vue de la sculpture.

A cet égard, ces portes « merveilleuses, » pour employer l'expression consacrée , sont au-dessous des premières, et même de celles d'Andrea Pisano, auxquelles Lorenzo Ghiberti a ajouté un encadrement de bronze où des oiseaux en ronde bosse jouent parmi des guirlandes de fleurs d'un grand relief, comme pour mieux faire sentir la différence des sentiments esthétiques.

Or-San-Michele-in-Orto, que, par abréviation, l'on appelle Or-San-Michele, est une chapelle plutôt qu'une église, et cette chapelle est une ancienne halle à blé, dont, en 1378, on a garni les arcades extérieures de fenêtres à réseau que l'on a aux trois quarts bouchées aujourd'hui. La salle était à deux nefs voûtées sur nervures; aussi l'hôtel est-il placé dans un coin. Cet autel est célèbre; il s'appelle « le Tabernacle, » et fut exécuté en 1359 par Andrea di Cione, plus connu sous le nom d'Orcagna, pour abriter une peinture de l'école de Sienne, représentant la Vierge.

Le Tabernacle est un édifice en marbre de plusieurs couleurs, construit dans un style aussi peu gothique que possible, plein de réminiscences antiques dans la forme de ses arcs, de ses chapitaux, qui sont ioniques, et de la plupart de ses moulures, qui se combinent avec des crochets, soit sur le rampant des frontons percés d'une rose rayonnante, sur les arêtes du dôme qui surmonte le tout, soit entre quatre pinacles à contreforts et à clochetons empruntés à notre architecture. Mais la mollesse des profils, le spirale des colonnes qui sont torses, comme dans la plupart des constructions florentines du quatorzième siècle, les placages de marbres diversement colorés allourdissent singulièrement cet ensemble.

L'extérieur d'Or-San-Michele, qui est un

massif presque cubique, n'annonce naturellement en rien un édifice religieux. En effet, les deux galeries du rez-de-chaussée sont surmontées de salles qui servaient et servent encore à conserver des archives. Mais les murs sont creusés de niches qui abritent des statues qui marquent dans l'histoire de la sculpture florentine. C'est là que se trouve le *Saint Georges*, de Donatello, jeune guerrier maigre, à la figure étonnée, debout sur ses deux jambes écartées, s'appuyant d'une main sur son long écu posé devant lui. C'est là qu'est aussi son *Saint Marc*, d'une allure plus classique, qu'interpellait, dit-on, Michel-Ange, que l'on fait beaucoup trop parler.

Lorenzo Ghiberti, Nanni di Banco, Andrea del Verocchio et Jean de Bologne y ont aussi des statues généralement remarquables.

De grands écus en terre cuite émaillée, ceux des corporations qui ont donné ces statues, sont incrustés dans l'étage supérieur, et il serait intéressant de retrouver la date de leur exécution pour l'histoire de la céramique italienne.

L'église de Santa-Maria-Novella est l'emprunt le plus complet que les Florentins aient fait à notre architecture gothique. Il est vrai que, bâtie pour l'ordre de Saint-Dominique, elle fut commencée en 1479 sur des plans d'architectes dominicains, qui, ainsi que les franciscains, leurs rivaux, demandèrent surtout leurs modèles à l'art du Nord. C'est une église à trois nefs et à chevet carré, voûtée sur nervures. A la différence de Sainte-Marie-des-Fleurs, dont les piles ne sont que des pilastres couronnées

de chapiteaux à trois rangs de feuilles sans
saillie, celles de Santa-Maria-Novella sont
de vrais piliers flanqués de colonnes engagées suivant notre système français, qui
indique déjà par le plan des supports quel
sera le système de voûtage. Des ogives
étroites éclairent chaque travée des bas-
côtés, et les combles de la nef étant très
peu élevés au-dessus des toits en appentis
des bas-côtés, il n'y a de place que pour
des oculus afin d'éclairer la nef. Ce parti a
permis d'éviter les arcs-boutants, en contre-
butant la voûte de la nef, fort probablement, au moyen de murettes transversales,
contreforts dissimulés sous les toits des
bas-côtés. Un mince contrefort extérieur
fait saillie au droit de chaque pile.

Une corniche formée d'arcatures ogives
règne sous le larmier et ressaute sur les
contreforts.

Le chevet plat, un peu plus saillant à
l'extrémité de la nef qu'à celle des bas-côtés, est percé d'une fenêtre ogivale subdivisée en trois ogives en lancette surmontées
d'oculus percés dans un remplissage, qui
montre plus de plein que de vide, comme
chez nous au douzième siècle. Le tout,
bâti en petits matériaux, est de physionomie
purement gothique.

Un clocher planté à gauche du chevet et
couronné par une flèche ornée de quatre
frontons à sa base, contribue à accentuer
cette physionomie, bien que sa tour soit
bâtie à l'italienne.

Quant à la façade, c'est un placage de
marbres blancs et noirs, sans aucun rapport
avec la forme intérieure de l'église.

Dans cette église relativement claire, les

précurseurs et les maîtres des artistes de
la Renaissance du seizième siècle ont exécuté d'importantes peintures. Nous citerons
surtout les fresques magnifiques où Domenico Ghirlandajo (1449-1494) a représenté
quelques scènes de la légende de saint
Jean-Baptiste et de celle de la Vierge.

Sous la couleur pâle de ces peintures, que
le temps a rendues grises, avec quelle jouis-
sance on découvre des compositions déjà
savantes, malgré leur naïveté, des figures
charmantes dans leur virginale jeunesse, et
ce mélange de naturel et de style qui est
un des caractères de l'art florentin du quinzième siècle!

C'est là qu'il faut aller voir ce maître de
Michel-Ange, qui lui ressembla si peu,
afin de l'apprécier et d'en comprendre la
grandeur.

Dans une chapelle dépendante de l'église,
qu'on appelle la chapelle des Espagnols,
Taddeo Gaddi (1200-1366) et Simone Martini (1285-1344), le peintre de Notre-Dame-
des-Doms, à Avignon, ont développé dans
des fresques importantes la légende des
premiers saints de l'ordre de Saint-Dominique, et la représentation d'une foule de
figures sacrées ou profanes symbolisant
les vertus ou les sciences, telles que le
Moyen-Age les admettait dans le trivium et
le quatrivium.

L'église de Santa-Croce, dont le plan est
en T, suivant la forme adoptée par les
Cisterciers, est à trois nefs séparées par des
piliers octogones. Une charpente apparente
recouvre la nef et les bas-côtés.

Quant à la façade, qui est moderne, elle

est conçue dans le style gothique florentin, étant plaquée de panneaux de marbre
blanc bordés de marbre noir. Les trois
portes qui y sont percées, sous des arcs
ogives abrités par des frontons, montrent,
plus que leurs similaires anciens, une
étude sérieuse de notre architecture gothique.

Cette église sévère est comme le Pan-
théon de Florence. C'est là qu'est le tombeau de Michel-Ange, assemblage bizarre
d'architecture, de peinture et de sculpture,
imaginé par Vazari, qui a rendu à l'art le
service d'écrire l'histoire des peintres ses
prédécesseurs et ses contemporains, mais
qui s'est bien fait payer de ce service en
mutilant tout ce qu'il a touché et en décorant le reste de peintures ronflantes,
boursouflées, de pratique, qui sont un des
ennuis d'une visite dans les monuments de
sa patrie.

Aussi me suis-je imposé une loi : ayant
beaucoup à voir et peu de temps à con-
sacrer, c'est de ne rien regarder qui ait été
peint ou sculpté à partir du milieu du
seizième siècle. Je me suis épargné ainsi
beaucoup de dégoûts et de fatigues.

Aussi, sauf les églises dont nous venons
de parler, il n'y en a plus dont l'architecture mérite qu'on s'y arrête. Elles peuvent
avoir été décorées avec un grand luxe,
mais ce luxe appartient à un art de décadence et ne vaut pas, à mes yeux du moins,
le moindre détail d'architecture, de sculpture ou de peinture appartenant à une période dont quelques-uns peut être trouvent
barbares les œuvres.

Mais si, en tant que monuments, ces

églises nous laissent parfaitement indifférent, il n'en est pas de même des choses qu'elles ou leurs annexes peuvent contenir.

Ainsi l'église Saint-Marc. D'elle il n'y a rien à dire. Mais il n'en est pas de même du couvent dont elle dépendait jadis, qui a été recemment supprimé, et qui est devenu un musée : le musée des peintures de Beato Angelico.

Ce couvent a joué un grand rôle dans la politique et dans la religion, au quinzième siècle, par le dominicain Savonarole, et dans la peinture, par deux autres dominicains Fra Angelico et Fra Bartolomeo.

La grande fresque représentant *la Crucifixion*, que Guido di Pietro, plus connu sous le nom de Fra Giovanni da Fiesole, ou même encore Beato Angelico (1447-1510), a peinte dans la salle capitulaire, est justement célèbre. Les saints protecteurs de Florence, du couvent et de l'ordre de Saint Dominique, sont agenouillés à côté des acteurs ordinaires du drame de Golgotha, aux pieds de la croix où le Christ est suspendu entre les deux larrons.

Le peintre si tendrement religieux, dont les tableaux ne sont, en définitive, que des miniatures agrandies, a su se montrer aussi robuste qu'il le fallait pour faire tenir au mur les grandes figures de cette vaste composition.

Les cellules des frères, bâties sous les combles apparents d'une sorte de grenier, éclairées à droite et à gauche par une étroite fenêtre et séparées par un corridor, sont toutes décorées par une petite fresque due à Angelico et aux élèves qu'il avait formés. Il y en a même dans le corridor.

Ces peintures, consacrées à la vie du Christ, sont de valeur inégale, mais il s'en rencontre parmi elles trois ou quatre qui sont admirables, comme l'*Annonciation*, la *Transfiguration* et le *Couronnement de la Vierge*.

Une cellule renferme quelques œuvres d'une finesse exquise, vraies miniatures sur bois qui décoraient un tabernacle de Santa-Maria-Novella, et qui permettent d'apprécier, sans sortir du couvent de Saint-Marc, le talent aimable de Fra Giovanni sous tous ses aspects, dans ses compositions les plus minutieuses comme dans les plus larges.

L'Académie des Beaux-Arts possède aussi d'importantes et nombreuses manifestations de son talent, dans un cadre restreint, et enfin dans le musée des Uffizi, un grand tableau d'autel représentant le *Couronnement de la Vierge* encadré par de délicieux anges musiciens, peints sur l'or bruni de la bordure, est chaque jour soumis à l'outrage de copies banales, que l'on débite aux étrangers dans les rues consacrées au commerce des choses d'art de cette espèce.

Il y en a une surtout qui va du Lung-Arno à la place de Santa-Maria-Novella et de là à la gare du chemin de fer qui en est toute voisine, route que tous les étrangers doivent suivre pour aller à leurs hôtels ou pour en partir, qui est en grande partie consacrée au commerce des copies en peinture ou en sculpture de ce qui plaît le plus aux étrangers. C'est l'entrepôt des ateliers où l'on fabrique à la douzaine des statues réduites, en marbre ou en albâtre, de quelques statues consacrées par une mode qui doit dater de loin, car aucune des œuvres que la critique moderne a mises en évidence n'y figure. On en est encore à Canova, bien que des imitations de Carpeaux s'y introduisent, puis quelques-unes des figures habillées à la moderne, dans le genre de celles qui ont fait l'admiration des badauds à la dernière exposition italienne au Champ-de-Mars.

A côté des boutiques consacrées à cette sculpture peu sévère, il y a celles où l'on débite la peinture. Les Anges musiciens, d'après Beato Angelico en font le plus bel ornement avec quelques copies de la Tribune ou de Pitti; puis des costumes italiens en mosaïque florentine, faits avec des morceaux de pierre dure encastrés dans un morceau de schiste noir.

Jadis, ces mosaïques étaient insignifiantes, mais avec le goût de pousser le ton à outrance, que Fortuny a inculqué à l'art italien moderne, ces mosaïques vous sollicitent et s'imposent à votre attention, lorsque ce ne serait que pour les fuir, par le tapage de leurs colorations criardes. C'était bête, cela devient insolent.

La mosaïque florentine vise aussi moins haut. Elle sert à fabriquer un tas de petites plaques représentant une fleur que l'on monte en broches ou en pendants d'oreilles. Les boutiques du Lung-Arno, près du Ponte-Vecchio et celles du Ponte-Vecchio lui-même, en sont remplies.

Qui peut acheter tout cela ?

Nous voilà bien loin de Beato Angelico, qui est tout entier à Florence. Si *le Couronnement de la Vierge*, au Musée du Louvre, peut nous donner une juste idée de ce peintre si sincèrement religieux, que sa religiosité, bien que douce, ne tombe point dans la fadeur où échouent tous nos néogothiques qui ont voulu s'inspirer de lui, au couvent de Saint-Marc, il domine ses émules; mais il ne faut pas oublier, cependant, la belle *Cène* de Domenico Ghirlandajo, qui complète ici ce que nous avons vu de lui à Santa-Maria-Novella.

De l'ancienne église des Carmes, — il Carmine, — sur la rive gauche de l'Arno, il ne reste qu'un transept, mais celui-ci est entièrement décoré de peintures, dont une partie est due à Masaccio. Avec quelques peintures trop restaurées de l'église Saint-Clément, de Rome, un tableau à l'Académie des Beaux-Arts et son portrait aux Uffizi, c'est à peu près tout ce qu'on connaît de lui; et encore, ses peintures du Carmine prêtent-elles à discussion, car Filippino Lippi les a achevées, de façon à s'assimiler le style et la manière de son maître, et Vasari se contredit dans ce qu'il en a écrit. Tomasso Guidi, dont le prénom, transformé en Masaccio, est le plus communément connu, né en 1402 aux environs de Florence, où il mourut en 1443, se place entre Giotto et Fra Angelico; mais on dirait, à voir ses peintures, qu'il appartient à la génération de Raphaël. Celui-ci a imité *l'Adam et Eve chassés du Paradis*, qui ouvrent la série de ses fresques du Carmine, et lui a pris le style et les draperies, devenues classiques, dont il a revêtu le Christ et les apôtres, comme dans *le Denier de Saint-Pierre*, et les autres grandes compositions où

quelques faits de la légende de saint Pierre
et de saint Jean sont représentés. Mais ce
qui dans l'œuvre de Masaccio appartient
bien à son temps, c'est le mélange dans la
même scène des personnages historiques
revêtus du costume traditionnel antique,
qui n'a cessé d'être adopté par l'art, même
aux époques les plus barbares, et des contemporains du peintre, costumés comme ils
l'étaient à Florence vers l'année 1434, où il
commença ces peintures.

Depuis longtemps, nous en connaissions
plusieurs par les chromo-lithographies que
l'*Arundel Society* de Londres en a publiées;
mais ces reproductions, nécessairement in-
complètes, ne peuvent que donner une idée
de ces fresques, où nous n'essaierons pas
de distinguer ce qui appartient au maître
de ce qui appartient à l'élève, tant leurs
œuvres se trouvent confondues. Disons
plus, c'est que ce qui reste des peintures
de Masolino da Panicale, que Masaccio fut
chargé de terminer et de compléter, se dif-
férencie si peu du reste, qu'il faut ou que
Masolino soit un plus grand peintre qu'on
ne le croit, ou que Masaccio ait quelque
peu retouché certaines parties de son
œuvre.

Une chose qui nous frappe dans ces compositions, ainsi d'ailleurs que dans la plupart de celles de l'époque, c'est l'absence
de figures de premier plan, destinées à
servir de repoussoir aux acteurs principaux
de l'action. Ces figures, que la tradition
académique a commencé d'emprunter à *la
Transfiguration*, de Raphaël, manquent aux
peintures des maîtres primitifs. Ils ne se
font pas faute d'introduire dans leurs com-

positions des personnages accessoires, mais
ils s'en servent pour boucher les trous de
l'action, ils les mêlent à celle-ci, en second
plan, laissant les personnages principaux
se mouvoir dans la clarté limpide de la
fresque et dans l'unité familière de la composition.

Un mot encore sur Masaccio, c'est qu'il a
abordé le nu et qu'il a su ennoblir la nature par le style, ainsi et mieux souvent
que ne l'ont fait ses élèves plus ou moins
immédiats. C'est en comparant l'*Adam et
Ève* qu'il a peints au Carmine avec l'*Adam
et Ève* que les Van Eyck peignaient à la
même époque sur le polyptyque de Saint-
Bavon, que l'on peut apprécier la différence qui sépare l'art italien de l'art flamand.

Il est un autre maître auquel on ne peut
bien accorder toute la gloire qui lui est
due qu'à Florence seulement, c'est Andrea
del Sarto. Il faut pour cela revenir près de
Saint-Marc, dans les dépendances de l'é-
glise de l'Annunziata. Mais avant que d'y
entrer retournons-nous.

Au-delà de la place qu'entourent en partie
les portiques de l'église et ceux de l'hospice
des Enfants-Trouvés, dont les tympans portent les figures en terre cuite émaillée d'enfants emmaillotés, modelés par Andrea della
Robbia; au-delà de la statue équestre de
Ferdinand Iᵉʳ et des deux fontaines qui l'accompagnent, une large rue s'enfonce, légèrement tortueuse, et dans le fond les
masses du dôme et du chevet de Sainte-
Marie-des-Fleurs apparaissent noyées dans
l'ombre et enveloppées comme d'une au-

réole de vapeurs bleuâtres qu'éclaire un soleil d'hiver. Quels gris légers et fins !

Dans le cloître de l'Annunziata, l'admiration publique a consacré *là Madona del Sacco*, d'Andrea del Sarto (1515), que tout le monde connaît. Elle ne mérite peut-être pas tout l'honneur qu'on lui a fait. Mais ce que l'on connaît moins, ce sont les admirables compositions de *la Naissance de la Vierge* et de *l'Adoration des Rois*, et quelques parties de celles qu'il a consacrées à la légende de saint Philippe. *La Naissance de la Vierge* est certainement une des plus belles œuvres de la peinture, et il est intéressant de la rapprocher de celle de D° Ghirlandajo, de Santa-Maria-Novella.

La première n'a certainement pas nui à la seconde.

Dans ces œuvres du maître, sans faiblesse (*sensa errore*), le charme d'un coloris plutôt chaud que puissant, mais éminemment harmonieux, s'ajoute à l'aisance de la composition et à la maîtrise du dessin.

Ne soyons pas injuste en ne citant point *la Visitation* (1516) du Pontormo, son élève.

Quant à Fra Bartolommeo, leur contemporain, c'est à Florence également qu'on peut seulement apprendre à le connaître, et c'est au palais Pitti surtout que nous le verrons.

Le palais Pitti, bâti, dit-on, sur les dessins de Brunelleschi, en 1440, dans le style robuste des palais Strozzi et Riccardi, a, de plus que ces palais, l'avantage d'être sur une place dont il domine les déclivités.

Deux galeries en retour, de la hauteur de
son rez-de-chaussée, y furent ajoutées au
dix-huitième siècle, portées sur des sou-
bassements dont les puissantes assises rus-
tiquées, en retraite les unes sur les autres,
rachètent les pentes de la place. D'autres
modifications ont dû être apportées à la
façade centrale, beaucoup plus ouverte
qu'elle ne devrait l'être au quinzième siècle ;
mais ces modifications n'altèrent point le
caractère général de la construction, qui a
réellement grand air, vue du seuil des maisons qui bordent l'autre côté de la place.

Les portiques et les cours de l'intérieur
appartiennent à l'architecture du dix-septième siècle.

Le jardin Boboli, en arrière du palais, et
qui couvre presque la moitié de la partie de
Florence qui s'étend sur la rive gauche de
l'Arno, est un assemblage de parterres et
de quinconces que traversent de larges
allées qui ont des bassins avec leurs statues
pour perspectives. C'est le genre que Le-
nôtre a adopté, en le développant, pour les
jardins de Versailles ; mais les arbres à
feuillage persistant qui garnissent le jardin
Boboli, s'ils sont agréables à rencontrer en
plein hiver pour nous autres, gens du Nord,
et si, par un jour de soleil, ils peuvent
nous donner l'illusion de l'été, sont loin
de pouvoir acquérir la majesté des ormes,
des tilleuls et des marronniers de nos jardins du Nord.

Une foule de choses de mauvais goût
font sourire dans ces jardins : comme
les parterres où les buis dessinent des
compartiments entortillés, couverts, au
lieu de plantes, de fragments de briques

rouges, de calcaire blanc ou de scories
noires ; comme ces grottes ornées de figures
en bas-reliefs faites de coquilles. Trop de
vases et trop de statues, plus d'art enfin
que de nature.

Les salons du palais Pitti, dont les pla-
fonds, peints, pour la majorité, par Pierre
de Cortone, ne sont point à dédaigner,
bien qu'ils disparaissent devant les chefs-
d'œuvre qu'ils abritent, ne renferment que
peu de toiles, mais forment un merveilleux
musée par le choix des œuvres exposées.
Celles-ci, étant à l'aise sur les murs, peuvent s'isoler de leurs voisines et sont souvent accrochées sur des portants à char-
nières qui permettent de les mettre sous
leur jour.

Raphaël y est représenté par une douzaine de toiles environ, qui le montrent
tout entier sous les différents aspects de
son talent si divers. Dans *la Vision d'Ezé-
chiel*, panneau que couvriraient les deux
mains réunies, il est aussi grand que dans
ses plus vastes compositions du Vatican, et
il se montre le précurseur de l'école académique qui mena l'art à la décadence, tandis que, dans *la Vierge au Baldaquin*, il est
encore le sectateur fidèle de l'école hiéra-
tique du quinzième siècle, qui aimait tant
à représenter la Vierge glorieuse au milieu
d'un cortége de saints symétriquement dis-
posés.

Dans les portraits d'Agnolo Doni et de
Maddalena Strozzi, sa femme, il est aussi
serré que les vieux florentins, et touche
même à la sincérité d'Holbein, tandis qu'il
est aussi large et lumineux que le Titien
dans le portrait de Jules II. Il nous suffit

de citer *la Vierge à la Chaise*, *la Vierge du Grand-Duc* et *le Portrait de Léon X* accompagné de deux cardinaux.

Fra Bartolomeo, dont nous avons vu quelques fresques au couvent de San-Marco, se montre à Pitti le rival de Raphaël avec *la Madone sur un Trône*, exposée en pendant de *la Vierge au Baldaquin*, qui semble en être une imitation. *Le Christ entre les quatre Evangélistes*, *la Mise au Tombeau*, œuvre d'un si grand sentiment, et *le Saint Marc*, figure puissante d'une si grande tournure, suffisent à donner une haute idée de ce peintre, qui sut joindre à la grâce du dessin une couleur puissante harmonisée par un certain *sfumato*, qui est comme sa signature. A l'Académie des Beaux-Arts, *l'Apparition de la Vierge à saint Bernard*, *le Saint Pierre martyr*, qu'on dit être un portrait de Savonarole, et surtout de grands cartons à la pierre noire, representant des figures dans le genre du *Saint Marc*, achèvent de nous le faire connaître. Si l'on veut pousser plus avant, il faut s'arrêter devant les dessins de lui exposés dans le corridor qui réunit le palais Pitti aux Uffizi.

Andrea del Sarto, que le vestibule de *l'Annunziata* nous a montré si grand, grandit encore à Pitti, avec *la Dispute de la Sainte Trinité*, qui est une réunion de saints; avec *l'Assomption* et des vierges glorieuses. Ajoutons-y, pour ne plus revenir sur ce maître, *la Vierge aux Harpies*, des Uffizi, ainsi nommée des ornements qui décorent le socle où la mère de Dieu se tient debout au milieu de plusieurs saints parmi lesquels se trouve, comme en la plupart de ses tableaux, le portrait de

Lucrezia del Fede, une femme volontaire, à en juger par la construction de son front bas et carré, qui eut, suivant Vasari, une si funeste influence sur l'homme de génie qui eut le malheur d'être son époux.

Les Trois Parques de Michel-Ange sont, à notre avis, un tableau auquel le nom de son auteur donne surtout de l'intérêt. *La Judith* de Cristoforo Allori est une belle chose, qui est classique parmi les touristes, ainsi que *la Danse des Muses*, œuvre aimable de Jules Romain, qui a rarement montré tant de grâce.

Les tableaux des écoles du Nord font un étrange effet parmi les œuvres de tous ces Italiens, de ces Florentins surtout, si sobres dans leurs gestes, si châtiés dans leur dessin, dont la couleur est si enveloppée dans une tonalité sourde. Il y a surtout une œuvre magnifique : *les Suites de la Guerre*, où Rubens s'est laissé emporter par toute la fougue de sa main. Lignes et couleurs, tout est en mouvement. Cela nous rappelle que Rubens trouvait, en effet, que les Italiens manquaient de désinvolture, et qu'il s'amusait à corriger les dessins d'eux qui lui ont appartenu. Jules Romain, que nous trouvons parfois si ronflant, semble surtout avoir été sa victime. Il accentuait les muscles, brisait les articulations et animait les physionomies, afin d'infuser un peu de vie à ce qui lui semblait être de froides académies.

Si les figures des *Suites de la Guerre* manquent de ce châtié dans la forme, qui est un des éléments du style, le même reproche ne peut ête adressé au magnifique portrait qu'il a fait de lui-même, accompa-

gné de trois amis. Rubens rivalise là avec
Van Dyck, le portraitiste par excellence des
élégances aristocratiques, qui est aussi représenté au palais Pitti.

Notons encore deux magnifiques paysages
de Rubens, deux esquisses emportées, qui
contrastent, autant que ses tableaux d'histoire, avec la façon dont les artistes italiens,
comme le Titien, les Carrache et le Dominiquin ont compris cette branche de l'art.

Un merveilleux portrait de Rembrandt
jeune, peinture lumineuse et grise, comme
ses plus belles œuvres du musée de Dresde,
acquiert encore une valeur de contraste
lorsqu'on est entouré d'œuvres froidement
écrites, comme celles de Pollajuolo, de
Sandro Botticelli et de tous les *quatro-centisti* italiens, que recommandent d'autres
qualités, comme la sincérité du dessin et
la puissance du modelé.

Ce sont ceux-là cependant que nous sommes venus voir, et non les artistes du
Nord, qui se sont imposés à nous par
cela même qu'ils leur ressemblent si peu.
Mais c'est aux Uffizi que les primitifs brillent surtout, et nous nous arrêterons ici de
parler du musée du palais Pitti, car nous
avons si peu l'envie d'ête complet et de
vouloir refaire un guide que nous ne citons
que les œuvres d'élite qui se sont gravées
dans notre mémoire.

Un long corridor qui enjambe l'Arno par-
dessus le Ponte-Vecchio, qui est bien long
de plus d'un kilomètre, qui monte et qui
descend, qui tourne tantôt à droite, tantôt
à gauche, parfois éclairé, mais généralement obscur, dans lequel grelottent quel-

ques gardiens accroupis sur leur *fuocone*
plein de braise, réunit le palais Pitti au
musée des Uffizi.

Une nombreuse série de tapisseries florentines, du seizième siècle au dix-septième, y est exposée avec quelques tapisseries flamandes et de plus rares tapisseries
françaises.

Parmi les tapisseries flamandes, il y en
a huit qui nous ont vivement intéressé.
Elles représentent des fêtes et des joûtes où
assiste Catherine de Médicis déjà veuve,
avec ses deux fils, Charles IX et le duc
d'Anjou, qui fut plus tard Henri III. Peut-
être le duc d'Alençon y assiste-t-il aussi.

Nous croyons qu'il s'agit des fêtes splen-
dides qui furent données en août 1572, la
veille de la Saint-Barthélemy, à l'occasion
du mariage d'Henri de Navarre avec Mar-
guerite d'Angoulême. Un personnage au
profil de polichinelle, que donnent à
Henri IV ses portraits les plus sincères,
étant les plus anciens, se tient debout, en
effet, à côté d'une jeune femme, au premier
plan de la pièce qui représente une nau-
machie.

La comparaison avec les crayons du
seizième siècle aiderait singulièrement à
reconnaître tous les personnages portraités
dans cette suite, car leurs visages sont faits
avec un soin tout particulier et doivent
avoir été exécutés par ce qu'on appelait
« les officiers de la tête » dans les anciens ateliers de tapisserie. Ils se différencient absolument par un accent de la nature des types
banals des personnages accessoires.

Les plus belles tapisseries florentines ne
se trouvent pas dans le corridor, où il y en

a de remarquables cependant. Il faut aller voir dans la salle du conseil, au Palazzo-Vecchio, la suite de l'*Histoire de Joseph*, d'après les cartons du Bronzino et du Pontormo, exécutée à partir de 1546 par le Flamand Hans van den Roost, qui avait pris pour signature un rébus représentant un gigot à la broche, c'est-à-dire un rôti. Il avait pour compagnon un autre Flamand, Nicolas Karcher, qui vint avec lui de Ferrare, où ils travaillaient pour Hercule d'Este, à Florence, où les appela Cosme Ier.

Ces tapisseries, presque aussi fraîches qu'au premier jour, d'un tissu très fin et très régulier, exécutées en soie avec rehauts d'or, avec leurs puissantes bordures, où l'on n'a pas craint d'introduire de gros légumes avec leurs dimensions réelles, tandis que les personnages des sujets sont un peu plus grands que nature, ces tapisseries sont admirables. Je signalerai surtout celle qui représente *la Continence de Joseph*.

Je citerai, dans un autre genre, quatre pièces représentant les douze mois de l'année, d'après Bachiacca, exposées dans le corridor, que Roost exécuta en 1552.

Cette fabrique florentine dura, avec des fortunes diverses et en suivant le style de chaque époque, jusqu'en 1744. Elle compta parmi ses entrepreneurs le Français Pierre Febvre, de 1633 à 1669, qui a signé, en se réclamant de son titre de Parisien, de nombreuses pièces, d'une exécution un peu plate, exposées dans le corridor.

Le Lefebvre qui devint un des entrepreneurs des Gobelins à partir de l'année qui suivit leur fondation, en 1662, était le fils de celui-là.

Une tenture composée de quatre pièces, représentant les quatre parties du Monde d'après Gio Sagrestani, qui commença cette suite en 1715, exposée au Bargello, termine d'une façon très honorable, par les mains de Leonardo Bernini, la fabrication florentine. Ces tapisseries sont composées dans le style rococo auquel François Boucher a chez nous donné son nom. Les roses et les gris y jouent un rôle important.

Une suite nombreuse de tapisseries historiques, de portières où les armes de la famille de Médicis et de ses alliances — ce qui peut servir à les dater, — s'étalent au milieu de grands cartouches et d'ornements; des entre-fenêtres, des panneaux d'ornement ont occupé cet atelier dans l'intervalle de ses plus nobles travaux.

Une fleur de lis rouge florencée, ou un besant de gueules emprunté à l'écu des Médicis, cet écu lui-même, accostés d'un ou de deux F majuscules, accompagnent d'ordinaire les signatures des différents chefs d'atelier.

La partie du corridor qui est le mieux éclairée et qui se trouve sur le Ponte-Vecchio est consacrée à l'exposition des dessins des maîtres.

J'y retrouve un certain nombre de maquettes de tapisseries et de bordures qui jouent un grand rôle dans l'atelier florentin et qui peuvent servir par leur style à faire reconnaître les pièces qui en sortent.

J'ai eu peine à m'arracher à ces dessins des maîtres, qui nous révèlent le secret de leur génie en nous montrant les hésitations de leur pensée et la persévérance de leur labeur. Devant les croquis admirables et même les œuvres achevées de Raphaël, de Léonard de Vinci, de Michel-Ange, de leurs précurseurs, de leurs émules ou de leurs élèves, il m'a été impossible de ne pas me souvenir qu'entré au Musée du Louvre pour y faire l'inventaire des dessins qui lui appartiennent, j'avais, sous la direction de M. F. Reiset, alors conservateur de cette section, inventorié, catalogué et classé 35,600 dessins environ, dont un grand nombre formaient encore des liasses inexplorées depuis que la Révolution les avait fait entrer dans le domaine de l'État. Avec quelle joie nous y avons découvert, parmi un trop grand nombre de pièces sans valeur, des dessins de maîtres auxquels M. F. Reiset, avec la sûreté de son œil et sa profonde connaissance de l'art de toutes les écoles, savait donner un nom !

Au milieu de la collection des dessins de Florence, je m'essayais, moi, à me souvenir des excellentes leçons reçues jadis, en cherchant à reconnaître les œuvres des maîtres, sans consulter le cartel qui donne leur nom et même, par comble d'outrecuidance, à critiquer certaines attributions qui me semblaient erronées.

Tous les dessins ne sont pas exposés, mais, élève d'un maître qui dans l'intérêt de leur conservation eût désiré que l'on n'en exposât aucun, je trouve que ceux de Florence ne le sont pas avec assez de précaution. Ce corridor jeté en travers de l'Arno, avec ses minces parois, exposé à l'air et à la lumière de tous côtés, à droite, à gauche, dessus et dessous, me semble essentiellement disposé pour hâter leur ruine, les plus beaux occupant précisément, et naturellement, les murs les mieux éclairés. En été cette longue et étroite galerie doit être une fournaise que le soleil embrase, si c'est une assez désagréable glacière en hiver.

La plupart de ces dessins sont photographiés, les uns, ceux dont la vente est facile, par l'industrie particulière, les autres, comme les dessins d'ornement, par les soins de l'administration, ou, du moins, par le conservateur de cette section ou sous son contrôle. Les photographies, généralement si coûteuses en France, sont à bon marché en Italie, et à très bon marché dans le cabinet de la conservation des dessins.

En France, on écarte le plus possible les photographes des musées, et l'on n'a pas absolument tort, car ce sont en général les êtres les plus insupportables et les plus gênants qui soient.

On hésite à leur donner une sorte de monopole dont ils abuseraient; mais on se prive ainsi de répandre des documents précieux parmi ceux qui peuvent en avoir besoin ou même de fournir aux curieux un souvenir de ce qu'ils ont vu.

Un arrêté ministériel a décidé naguère la création d'ateliers de photographie dans nos principaux dépôts publics. Nous ne savons s'ils existent déjà ou encore; mais le plus simple serait d'avoir dans chaque dépôt, musée ou bibliothèque, un fonctionnaire photographe, qui exécuterait pour un prix fixé tout ce qui concerne son état, et le livrerait au plus bas prix possible au public.

Si l'on a recours aux photographes, on pourrait leur imposer, en échange de la permission qu'on leur donne, une série de prix de vente en rapport avec la surface du cliché. En tous cas il y a quelque chose à faire.

La partie du corridor qui avoisine les Uffizi est consacrée à une exposition d'une histoire de la gravure, tant sur métal que sur bois.

Le musée des Uffizi est distribué dans un assemblage assez disloqué de salles qui s'ouvrent de ci et de là sur une galerie qui pourtourne, au second étage, les trois côtés de la cour entourée de portiques, qui est en même temps une rue par laquelle la place della Signoria communique avec le Lung-Arno, en amont du Ponte-Vecchio. Cette galerie, abondamment éclairée latéralement, ne porte de tableaux que sur le mur où s'ouvrent les portes des différentes salles.

Ma première visite a été naturellement pour la salle octogone, qui est célèbre dans le monde sous le nom de *la Tribune*. Quelle désagréable surprise cause l'ensemble ! La salle est insuffisamment éclairée par la lumière qui tombe de la lanterne qui en surmonte la coupole. Cette coupole est ornée d'un semis de coquilles de nacre, ce qui est plus noble que des coquilles d'huîtres, mais qui produit le même effet. Ces disques, d'un blanc chatoyant, attirent seuls tout d'abord le regard, au milieu des dorures sombres et des blancs sales de l'architecture, des vernis enfumés des tableaux qui garnissent les murs, et de la patine do-

rée des marbres antiques placés au milieu
de la pièce.

Si F. Duban, lorsqu'il décora nos deux
tribunes du Louvre, — le salon carré et le
salon des sept cheminées, — se fût permis de
pareilles fantaisies, de quelles critiques son
œuvre n'eût-elle pas été accueillie!

Quant au choix des tableaux exposés, il
n'est pas moins singulier. A côté d'incon-
testables chefs-d'œuvre il y a des toiles
d'une non moins incontestable médiocrité.

Dire cela peut sembler quelque peu ou-
trecuidant, mais j'ai, pour m'appuyer, l'opinion de Charles Blanc dans un article sur
la Tribune de Florence où je retrouve l'écho
de mes impressions; la *Gazette des Beaux-
Arts* le publiait précisément au moment où
je faisais à Florence mes observations critiques.

Mais, il y a cent ans, lorsque la Tribune
fut créée, le goût n'était pas le même qu'aujourd'hui. On estimait les Bolonais, que
nous méprisons un peu trop aujourd'hui,
et l'on méprisait comme trop gothiques
les primitifs qui nous passionnent à cette
heure.

Le goût du dix huitième siècle a donc fait
admettre dans ce prétendu sanctuaire des
œuvres très inférieures, y compris *la Sybille*
du Dominiquin, qui fait encore l'admiration
des touristes, à en juger par les photographies que l'on en débite et par les copies
que l'on en voit dans les boutiques dont
nous avons parlé. Mais que dire, et c'est
ce tableau qui, placé ainsi vis-à-vis de la
porte d'entrée, nous a frappé tout d'abord,
que dire du *Repos en Egypte*, attribué au
Corrège?

J'ai cru à un Feg⁰ Barocci s'appliquant à le pasticher. On dit que l'Allegri le peignît à l'âge de vingt ans, c'est-à-dire en 1514, en même temps que la *Madone de Saint-François* du musée de Dresde. Or, j'ai vu les remarquables *juvenilia* du Corrège, que possède la capitale de la Saxe, et aucun d'eux ne ressemble à ce tableau.

Nous savons bien où nous irions prendre de quoi remplacer les tableaux bolonais et ceux qui prétendent représenter les écoles étrangères, qui nous offusquent, afin d'accompagner dignement la *Sainte Famille*, de Michel-Ange : — la *Vierge au Chardonneret*, le *Saint Jean*, le portrait d'une femme qui ramène une fourrure sur sa poitrine et qu'on nie aujourd'hui être celui de la *Fornarina*, comme certains nient aussi qu'il soit du maître d'Urbin, pour le rattacher à l'école vénitienne; un autre portrait de femme dans sa manière florentine ; le *Portrait de Jules II*, réplique inférieure à celui du palais Pitti, œuvres de Raphaël; — les deux *Vénus* couchées, du Titien et le triptyque de Mantegna, représentant l'*Adoration des Mages*, entre la *Circoncision* et la *Résurrection*; — la *Vierge aux Harpies*, d'Andrea del Sarto; l'*Isaïe*, de F. Bartolommeo ; la *Décollation de Saint Jean* de B⁰ Luini, et enfin le petit panneau de la *Vierge adorant l'Enfant Jésus*, où nous retrouvons le vrai Corrège.

Nous irions dans les deux salles à côté, surtout dans celle qui est exclusivement consacrée aux primitifs florentins, et voilà ce que nous y prendrions :

Nous y prendrions d'abord *la Calomnie l'Apelle*, de Sandro Botticelli (1437-1515), un maître qui par ses maigreurs rappelle

Mantegna et qui, comme lui, montre en plein quinzième siècle les élégantes nudités du seizième; nous prendrions peut-être aussi sa *Naissance de Vénus*, singulier sujet pour un temps où l'on ne peignait guère sur chevalet que des vierges glorieuses, mais qui montre de quel esprit vigoureux et indépendant était doué ce peintre, dont les œuvres ont la saveur encore acide d'un fruit à peine mûr.

Son *Adoration des Mages* et surtout *la Vierge et l'enfant Jésus entourés d'Anges* sont également des œuvres de haut goût dont nous rapprochons *la Vierge adorant Jésus porté par deux Anges*, de Filippo Lippi, son maître (1412-1469).

Quant à la figure de *la Prudence*, d'Antonio del Pollajolo (1433 à 1498), bien supérieure à *la Force*, de Botticelli, qui lui fait pendant, c'est une œuvre exquise, qui ferait honneur à la Tribune ainsi que le profil de guerrier qui se trouve dans la galerie, profil qui est certainement de la même main que cet autre profil de jeune fille, *Simonetta Vespuci*, de la collection F. Reiset, chef-d'œuvre que nous espérions tous voir entrer au Louvre pour y représenter ce maître rare, et qui appartient aujourd'hui à M. le duc d'Aumale.

Comme la plupart de ses contemporains, Pollajolo fut orfèvre, puis sculpteur, et l'un des premiers il étudia l'anatomie. Aussi se plaît-il à accuser les muscles de ses figures et conserve-t-il dans sa peinture un souvenir de ses premiers travaux par la précision des contours et la recherche du modelé. C'est d'ailleurs le caractère de l'Ecole florentine de tous les temps que cette préci-

sion qu'elle semble avoir héritée des ouvriers en métal, ses premiers maîtres. *La
Prudence*, de Pollaiolo, cependant, est une
figure gracieuse et fine, dont le vêtement,
aux plis abondants, est d'un grand goût.

Luca Signorelli (1441-1523) pourrait donner
sa *Vierge*, tableau singulièrement distribué,
car sa surface rectangulaire est occupée
par trois médaillons, deux petits au-dessus
d'un grand. Les deux petits, représentant
deux prophètes, sont peints en grisaille,
ainsi que les ornements qui les séparent. Le
grand est peint de cette couleur dorée un
peu sombre qui caractérise ses œuvres. La
Vierge y est assise à terre, jouant avec l'enfant Jésus; de petites figures de bergers nus
occupent le fond. Notons ce détail. La grâce
un peu léonardesque de la Vierge forme
contraste avec le sentiment de force con-
tenue des bergers, qui fait pressentir
Michel-Ange.

On pourrait joindre les deux portraits
réunis, si vivants et d'une coloration si
claire, de Piero della Francesca (né vers
1415), son maître, qui donnent le profil
singulier de Fedingo de Mentefeltrc, duc
d'Urbin, et celui plus agréable de la du-
chesse, sa femme.

La Vierge aux anges musiciens du Beato
Angelico, dont j'ai déjà parlé, ainsi que
son *Couronnement de la Vierge*, qui rappelle
en certaines parties celui du Louvre, de-
vraient encore prendre place dans la Tribune, ainsi que *l'Annonciation* de Simone
Martini, appelé aussi Memmi (1285-1344).
Ces œuvres représenteraient l'art encore
gothique du quatorzième et du quinzième
siècle.

Enfin, si la chose était possible, il faudrait aller prendre à l'Académie des Beaux-Arts *le Baptême du Christ* d'Andrea del Verrochio (1432-1488), cet autre orfèvre et peintre, qui fut le maître de Léonard de Vinci. Un des deux anges agenouillés qui portent les vêtements du Christ passe pour être de Léonard. Vasari le dit, et l'examen du tableau est loin de le contredire. La grâce léonardesque du visage et la souplesse de son modelé contrastent, en effet, avec la précision et la sécheresse des trois autres figures.

Lorenzo di Credi (1459-1537), son élève, pourrait montrer, soit par *le Baptême du Christ*, où il a quelque peu imité Verrochio, soit par son *Christ apparaissant à la Magdeleine*, à quel point il se laissa influencer par Léonard de Vinci, son condisciple.

Quant à ce dernier, une tête de *Méduse* renversée à terre, belle et pâle au milieu de sa hideuse chevelure de serpents, serait la seule œuvre digne de le représenter dans la Tribune.

Il serait désirable de joindre au Pérugin, chef de l'école d'Urbin, qui y est déjà, quelque madone de Francia pour y représenter le créateur de l'école bolonaise, et la Tribune serait vraiment le sanctuaire de l'art italien, où les Florentins occuperaient la place qui leur est due.

Revenons à la *Sainte Famille* que l'élève de D° Ghirlandajo, le terrible Michel-Ange, a insérée dans un cercle, comme Luca Signorelli l'a fait pour *la Vierge*, et qui, comme lui, a introduit des figures nues dans le fond de sa composition. Notons que *la Vierge* est de 1491 à 1499, et que *la Sainte*

Famille est de 1503 à 1504. Ceci dit, afin de bien montrer l'action des vieux maîtres sur les maîtres souverains de la Renaissance, constatons que la peinture de Michel-Ange est bien florentine par la précision du dessin et par la puissance du modelé obtenu avec une recherche de reflets qui nuit certainement à l'unité du groupe, dont les trois personnages s'enlacent comme pour un marbre. Mais le Michel-Ange que nous connaissons se retrouve dans l'ampleur du dessin, ainsi que dans le forcé des attitudes ; où nous le retrouvons surtout c'est dans les petites figures nues que par une fantaisie étrange il a introduites au fond, dans des proportions un peu petites peut-être pour le plan qu'elles occupent.

Ces figures appuyées ou assises sur un mur bas, peintes largement, sans minutie et enveloppées dans une tonalité locale qui les laisse bien à leur distance, sont dignes des plus belles parmi celles qui décorent la voûte de la Sixtine.

Je préfère de beaucoup, à cause surtout de ces figures accessoires, cette peinture aux *Trois Parques* du palais Pitti. Mais voyez la vanité des appréciations dans les choses d'art. Mes compagnons de voyage, qui sont des gens de goût, préfèrent les *Trois Parques*, vieilles sorcières édentées, qui ne doivent nous vouloir aucun bien à nous autres mortels : peinture assez enveloppée, d'ailleurs, et nous discutons sans pouvoir tomber d'accord.

En dehors des peintres *quatro-centisti*, dont nous venons de signaler les œuvres les plus remarquables — et il nous en échappe encore — le musée des Uffizi possède quelques tableaux d'artistes Toscans du seizième siècle qu'il serait injuste de dédaigner. Telle est la *Descente du Christ aux Limbes*, grande composition que le Bronzino exécuta en 1552, et la *Vénus et l'Amour* que lui ou le Pontormo, son maître, aurait peint sur un carton de Michel-Ange. Les portraits dus au Bronzino sont nombreux et généralement remarquables.

Pontormo, Fédérico Zuccheri, Vasari, Cristoforo Allori et toute cette pléiade de peintres qui, à partir du milieu du seizième siècle, cherchent le style et ne sont que maniérés, la force et ne sont que redondants, la précision et n'atteignent que la froideur, sont représentés à Pitti par des œuvres heureusement moins importantes que celles dont ils ont couvert les murs des églises et des palais de Florence.

Parmi les salles du musée des Uffizi autres que les trois qui viennent de m'occuper, il faut citer celle consacrée aux portraits que les peintres ont faits d'après eux-mêmes : non pas qu'elle soit très plaisante à voir, ni que les artistes qui ont été admis à l'honneur d'y figurer soient tous des hommes d'un talent même notoire ; il y a même plus d'un prétentieux « cavaliere » qui ne sera connu que par son portrait, et dont le talent sera, par ce fait même, bien petitement apprécié. Mais il y a quelques effigies précieuses, quand il n'y aurait que celles de Masaccio, d'Andrea del Sarto et de quelques autres.

Malgré le talent de leurs auteurs, les portraits des modernes, sans en excepter Ingres et nos contemporains vivants, ne

brillent guère dans cette assemblée un peu
mêlée.

Les salles consacrées aux autres écoles
que celle de la Toscane sont peu riches en
général, on peut même dire qu'elles sont
pauvres. Les écoles hollandaise et flamande
ne comptent guère et l'école française ne
compte pas.

Il faut lui rendre, ce qui ne l'enrichira
guère, mais afin d'être d'accord avec la vérité et de poser un jalon dans son histoire,
un triptyque du quinzième siècle représentant *la Résurrection de Lazare* entre *la Magdeleine aux pieds de Jésus* et *le Repas chez
Lazare*, lequel est ainsi signé : NICOLAUS
FRUMENTI ABSOLUIT HOC OPUS XV° KL., JUNII
N° CCCC° LXJ.

Or, des documents récemment décou-
verts viennent de prouver que le célèbre
triptyque de la cathédrale d'Aix, *le Buisson
Ardent*, que sans aucune vraisemblance l'on
attribuait jadis au roi René, est de Nicolas
Froment, et que ce peintre est d'Avignon.

Ce qu'il y a de curieux dans cette découverte, c'est qu'au moment où on la faisait,
un historien de la peinture flamande publiait un livre où à grand renfort d'analo-
gies et de suppositions, il faisait à Van der
Meire l'honneur de cette œuvre.

Le peintre français Nicolas Froment était
un disciple attardé de Van Eyck, très vio-
lent de couleur et d'une exécution un peu
dure, alors que Memlinc avait déjà calmé
la palette flamande et adouci les types.

Du reste, dans le triptyque des Uffizi,
comme dans celui d'Aix, les demi-gri-
sailles qui décorent les revers des volets

sont traitées d'une main plus libre et d'une couleur plus tendre.

La sculpture antique occupe une place importante au musée des Uffizi ; elle se mêle même à la sculpture dans la Tribune, où elle est représentée par cinq chefs-d'œuvre que les moulages ont partout fait connaître : *la Vénus de Médicis*, d'une grâce un peu mignarde ; *l'Apollino*, un peu trop féminin, statues qui ont dû exercer une grande influence sur Canova ; *les Lutteurs*, dont les enchevêtrements sont si peu confus, qui font pendant au *Rémouleur*, et enfin *le Faune dansant*, auquel Michel-Ange a fait une tête si vivante et des bras si expressifs.

Les Niobides, figures également célèbres, devaient composer jadis un ensemble, sur un ou deux frontons probablement. Au lieu d'essayer de le reconstituer, on l'a disloqué en exposant chaque figure ou chaque groupe isolément tout autour d'une salle, de telle sorte que l'effet que devait produire la combinaison des lignes et des masses se trouve perdu, et que le pathétique des poses et des physionomies reste inexpliqué.

Il y a quelques belles figures, néanmoins, parmi ces statues, dues à l'art grec, il est vrai, mais à l'art grec altéré par sa suggestion au goût romain. Il faut aujourd'hui, pour nous plaire, qu'il ait conservé son goût de terroir, s'il est permis d'employer cette image vulgaire pour une chose aussi sublime. *L'Enfant à l'Oie*, *le Tireur d'Epine*, la tête *d'Alexandre mourant*, *le Bacchus et Ampelos*, *un Torse de Faune*, quelques bustes comme les Romains savaient les faire et de grands fragments de bas-reliefs également romains complètent ce qui émerge dans notre souvenir de la surface d'œuvres assez ordinaires.

Parmi les bronzes, nous noterons une tête de cheval plus grande que nature et un beau torse.

Les petits bronzes qui remplissent les armoires ne nous rappellent rien qui sorte de la moyenne commune.

Un cabinet ovale, arrangé avec beaucoup de goût pour sa destination et décoré de colonnes de marbres précieux, renferme une belle collection de gemmes : cristaux de roche, lapis-lazuli, sardonix, etc., dont beaucoup sont montées en orfèvrerie émaillée. Contrairement à ce qu'il était permis de craindre, ces montures ne sont point attribuées à Benvenuto Cellini. Il y en a plusieurs qui seraient dignes cependant d'un orfèvre si habile. Telle est une coquille de cristal de roche montée sur une tige en balustre, qui a pour anse un dragon en or émaillé. Un mascaron fait saillie sur son pied. On pourrait aussi lui attribuer la monture d'une grande urne en lapis-lazuli, qui a pour anses deux Chimères à tête diadémée, absolument dans le style de Michel-Ange. Il nous semble retrouver dans ces ornements quelque chose de la fantaisie qui rend plus intéressant que la statue elle-même le support du célèbre *Persée*.

Une cassette faite de plaques de cristal de roche gravées de scènes de la Passion, par Valerio Belli, et montées en argent doré, fut donnée à François Ier par le pape Clément VII à l'occasion du mariage de Catherine de Médicis, sa cousine, avec le dau-

phin, qui fut Henri II. C'est par Catherine,
sans doute, que cette cassette revint
à Florence, ainsi qu'une coupe en cristal
de roche incrustée d'or émaillé par un
orfèvre français, car elle porte le double
D, et les croissants qui doivent sur cette
pièce se rapporter plutôt à la reine, qui
avait pris le croissant pour emblême, qu'à
Diane de Poitiers, à laquelle on a pris l'habitude de l'attribuer.

C'est par elle aussi qu'ont dû venir les tapisseries représentant des fêtes données
sous Charles IX, et les portraits des Valois
que l'on trouve parmi ceux de la famille
des Médicis.

Si les œuvres de la sculpture moderne
sont, ainsi que celles de la peinture, un
peu partout répandues dans les monuments
de Florence, le Musée national est presque
exclusivement réservé à celles qui se trouvent sans affectation.

Ce musée est établi dans l'ancien palais
du podestat, dans *le Bargello*, massif de
maçonnerie, d'aspect encore plus renfrogné
que *le Palazzo Vecchio*. Il donne cependant
un aspect des plus pittoresques à la rue qu'il
borde. D'un côté, les murs lisses du palais-
forteresse, percés de quelques ouvertures
en plein cintre que divise un meneau central, couronnés de créneaux que portent en
encorbellement des arcs ogivaux ; puis, au-
dessus, la tour carrée du beffroi, au couronnement également crénelé, qui semble
plantée de travers ; de l'autre côté, les
constructions assez mal en ordre de *la
Badia* (l'abbaye de Saint-Benoît), que domine un clocher aux baies ogivales, dont la

corniche, formée de deux rangs superposés d'arcs ogivaux en encorbellement, est surmontée par une flèche ornée de frontons à sa base : architecture des plus élégantes, qui rappelle certains clochers des bords du Rhin.

Comme dans tous les palais de Florence, le Bargello possède une cour intérieure, décorée de portiques au rez-de-chaussée. Mais celle-ci ne montre point les colonnes élégantes des palais Strozzi ou Riccardi, ni même les colonnes trapues, mais revêtues de grotesques en stuc du *Palazzo Vecchio*. Les arcs surbaissés de ce portique, qui règnent de trois côtés de la cour, portent sur des piliers massifs. Le long du quatrième côté monte un escalier de pierre fermé d'une grille. Des armoiries sculptées sont plaquées sur le nu du mur et en rompent seules les grandes surfaces lisses. Ce palais ressemble à une prison, qu'il a été. Aujourd'hui restauré et quelque peu ajouré, à ce que nous supposons, il est devenu un musée d'antiquités, qui est surtout riche en sculptures florentines du quatorzième et du quinzième siècle.

Donatello (1386-1466) est certainement la plus grande personnalité qui se soit imposée à l'art italien avant Michel-Ange, bien qu'il n'ait pas été peintre comme ce dernier. Florence, Rome, Naples, Sienne, Padoue et Venise l'ont fait travailler et conservent ses œuvres. Il doit être d'après ce concours unanime de la faveur contemporaine le plus fidèle représentant du goût qui dominait dans l'art en Italie au quinzième siècle. Nous devons dire cependant que nous sommes loin de l'admirer sans réserve.

On aurait tort d'ailleurs de l'isoler de la peinture contemporaine, d'autant plus que nous savons que la plupart des peintres florentins de cette époque sortaient de l'atelier de quelque orfèvre, et maniaient l'ébauchoir ou le ciseau aussi bien que le pinceau.

Comme eux il cherche l'alliance de la nature et du style. Comme eux, et plus qu'eux nécessairement, car il est statuaire, il poursuit l'étude de la musculature jusqu'à réduire la peau à n'être qu'une enveloppe mince et souple qui la dissimule à peine. Plus qu'eux encore il pousse le rendu du mouvement et de l'expression jusqu'au point où il devient de l'exagération. Il est ce qu'il y a cinquante ans on eût appelé un romantique.

Mais si Michel-Ange dans ses études profondes de la construction du corps humain se plaît à outrer les saillies de la musculature, et crée des titans, Donatello ne fait que des hommes maigres, ainsi que faisaient les peintres de son temps. Cela semble avoir été un goût d'époque.

En peinture, cela importe moins, parce que la couleur s'ajoute au dessin, et donne au tableau des qualités nouvelles. Mais en sculpture, la forme domine nécessairement, et les formes maigres manquent généralement de la fluidité nécessaire à leur juste harmonie. Aussi semble-t-il que Donatello ait toujours manqué de matière pour donner à ses figures l'ampleur de formes qui leur serait nécessaire. Le *Saint Georges* de l'Or-San-Michele, qui passe pour son chef-d'œuvre, est guindé; le *David* et surtout le mangeur de sauterelles *saint Jean-Baptiste*, deux statues de marbre, aujourd'hui au Bargello, sont comme emprisonnées par des liens invisibles qui gênent leurs mouvements.

Quant à la *Judith*, qui va couper la tête d'Holopherne, dont le corps est assez incommodément assis à ses pieds, groupe en bronze placé sur la balustrade de la loggia dei Lanzi, on peut hardiment écrire que c'est une œuvre médiocre, qui ne présente de ligne compréhensible d'aucun côté. Dans le *David* de bronze de Bargello, Donatello a étudié le corps jeune et souple d'un adolescent. Certaines parties du torse sont excellentes : mais quelle singulière idée de l'avoir coiffé d'un chapeau de paille et chaussé de guêtres. Par un malheureux arrangement, la terminaison de celle de la jambe gauche se substitue au pied, dont les orteils se perdent au milieu des cheveux et de la barbe de la tête de Goliath, jetée à terre, et font paraître cette jambe beaucoup trop courte.

Ces dernières œuvres sont celles de la force de Donatello, de 1434 à 1444, tandis que le *Saint-Georges* serait de sa jeunesse, ainsi que le *Saint-Marc* et le *Saint-Pierre* de l'Or-san-Michele, statues drapées où il n'eût qu'à suivre la tradition moitié antique, moitié gothique, créée un siècle auparavant par les Pisani et continuée par Ghiberti dans sa première porte du baptistère.

Dans ce sentiment nous louerons encore les deux figures en bas-relief de l'Espérance et de la Charité, du tombeau du pape Jean XXIII, qu'il exécuta vers 1425, dans le Baptistère, en collaboration avec Michelozzo-Michelozzi.

Parmi ses œuvres aimables, nous citerons, au Bargello, le buste en bas-relief de
Saint-Jean jeune, exécuté en pierre noire,
dont on a tant fait de contrefaçons.

Une frise que Donatello avait exécutée
pour la tribune de l'orgue du Dôme, destinée à être vue d'en bas et de loin, perd
considérablement à être examinée de près
et de haut, étant simplement posée à terre
et appuyée contre le mur de la grande salle
du Bargello.

Elle représente des enfants assez laids,
qui courent, qui dansent et qui chantent,
ou plutôt qui crient et qui jouent de divers
instruments dans des attitudes violentes et
exagérées, figures aux contours nets, formant plutôt des arêtes que des surfaces
fuyantes, modelées durement et par à plat
successifs, qui s'enlèvent sur un fond incrusté de disques de verre doré, de façon à
les faire mieux valoir.

Nous ne savons quel effet cette frise eut
produit mise en place, mais elle est loin
d'être agréable de la façon qu'on la voit
aujourd'hui. Celle des chanteurs de Luca
della Robbia, exposée dans les mêmes con-
ditions, lui fait grand tort en tous cas.

Quel dommage pour sa vraie gloire que
Luca della Robbia (1400-1482) ait acquis
une si grande notoriété avec ses terres
émaillées, et qu'il ait presque abandonné
le marbre pour la faïence.

En outre des trois sybilles et des deux
figures de marbre, exécutées en bas-relief
pour le campanile en 1438, et des dix bas-
reliefs destinées à la tribune de l'orgue du
Dôme, une modeste église de la banlieue
de Florence possède de lui une œuvre im-

portante, le tombeau de l'évêque Federighi, qu'il exécuta de 1451 à 1456. Le marbre et la faïence y sont combinés.

Sur un sarcophage de marbre décoré de deux anges qui volent, portant, à l'imitation des génies antiques, une couronne où est insérée l'inscription funéraire, la statue du mort est couchée.

La tête est vieille, très étudiée et d'un grand caractère. Au-dessus et en arrière, les figures à mi-corps d'un *Ecce Homo* entre la Vierge vieille et Saint-Jean l'Evangéliste jeune, occupent le fond d'une sorte de niche carrée, le tout étant encadré par une bordure de faïence peinte, représentant des bouquets de fleurs et de fruits très simplement modelés, sur un fond doré. C'est le seul exemple que nous connaissions de l'alliance faite par Luca della Robbia, du marbre et de la faïence peinte. Celle-ci, d'ailleurs, joue un rôle secondaire de bordure colorée. Notons que cette bordure n'est point peinte sur carreaux rectangulaires, mais sur des morceaux de brique ayant la forme exigée par le contour des bouquets.

Ainsi, Luca della Robbia, dès le milieu du quinzième siècle, exécuta en faïence une décoration polychrome, dont l'excipient a été combiné pour les peintures qu'il devait recevoir, précaution qu'il faudra bien que prennent nos fabricants modernes s'ils veulent que le décor polychrome céramique entre dans les habitudes de l'architecture.

Déjà, en 1438, Luca della Robbia avait exécuté en terre cuite émaillée de blanc seulement, sur fond bleu, le bas-relief de *la Résurrection*, qui passe pour son premier ouvrage en ce genre, et qui est placé dans le tympan d'une porte qu'il avait garnie antérieurement de vantaux de bronze, sous le dôme de Sainte-Marie-des-Fleurs. Sur une porte correspondante, il plaça, en 1446, un autre bas-relief, *l'Ascension*, aussi sobrement coloré, avec un peu de couleur jaune en plus sur les fleurs du terrain.

Enfin, il avait dû exécuter pour la même église un tympan en faïence peinte, comme l'encadrement du tombeau de Federighi. Cette composition semi-circulaire, exposée dans le vestibule de l'œuvre du dôme, représente en buste *Dieu* le père bénissant entre deux anges dans une bordure de bouquets de pommes de pin et de poires alternés.

L'œuvre en terre cuite émaillée qui occupa la grande époque d'activité de Luca della Robbia, si elle peut donner par quelques pièces authentiques et de choix une haute idée de son talent, ne saurait approcher de son œuvre de marbre, ni annoncer l'originalité des groupes de jeunes gens, instrumentistes et chanteurs, qu'il avait sculptés pour l'orgue du dôme. Par l'exquise délicatesse des types, qui fait songer aux peintures de l'école d'Urbin, par l'élégance des attitudes et le style des vêtements ou des draperies, qui rappellent parfois des habitudes gothiques, il forme un contraste bien accusé avec les enfants de Donatello, énergiques et durs.

Une remarque à faire, et que je dois à l'un de mes compagnons de voyage, c'est qu'on dirait qu'il y a deux mains dans l'exécution des dix bas-reliefs de Luca.

Dans cinq, un rang d'oves orne le relief du terrain qui porte les figures. Cinq autres sont sans cet ornement. Eh bien! il nous semble que les figures des premiers sont d'un autre caractère, plus élégantes et mieux groupées que celles des cinq derniers.

Mais l'administration du Musée national devrait bien trouver quelque argent pour exposer de pareils chefs-d'œuvre autrement qu'au pied du mur froid d'une grande salle de pierre. Nous autres, habitués aux soins apportés à l'arrangement de nos musées et aux colorations dont on revêt leurs murs, afin de faire valoir ce qu'on y expose, nous avons peine à nous faire à cette nudité et à ce sans-façon.

Une salle du Bargello est consacrée aux terres cuites émaillées de Luca della Robbia, parmi lesquelles il y en a d'exquises, ainsi qu'à celles d'Andrea, son neveu et son successeur.

Florence, d'ailleurs, est, par ses églises, à l'intérieur ainsi qu'à l'extérieur, par ses hôpitaux, par ses madones du coin des rues, un vrai musée de la sculpture en terre cuite émaillée, musée qui témoigne d'une prodigieuse activité et de la grande souplesse d'un talent qui se renouvelle sans cesse

Un autre maître charmant, que l'on commence à connaître en France parce que ses œuvres de marbre, généralement de petites dimensions, ont pu entrer au Louvre et dans les cabinets de quelques amateurs, c'est Mino di Giovanni, plus connu sous le nom de Mino de Fiesole, à cause de l'ensemble des travaux de lui qui décorent une chapelle de la cathédrale de cette ville.

Quelle cathédrale que celle de Fiesole, et quel siége d'évêché que Fiesole! L'une est une modeste église de village dont les éléments romans disparaissent au milieu d'additions modernes.

La ville, malgré les 13,000 habitants dont on la gratifie, ne semble avoir guère plus d'importance que l'un de nos chefs-lieux de canton. Mais quelle position !

Fiesole qu'annonce au loin la haute tour carrée de la cathédrale, est assise dans une dépression des collines qui dominent Florence. On y monte à travers les villas qui s'étagent au milieu des jardins exposés au midi. Aussi, que la route soit bordée par les murs de soutènement ou de clôture des enclos, ou par les haies des vergers, partout les rosiers du Bengale qui enjambent les murs ou qui forment les haies, semblant vous inviter à cueillir leurs fleurs qui s'ouvrent déjà.

Des hauteurs, l'Arno apparaît miroitant au soleil au milieu de la large vallée que domine de toutes parts l'étagement des coteaux, des collines et des montagnes aux formes de plus en plus abruptes, à mesure qu'elles sont plus élevées. Des oliviers au pâle feuillage semblable à celui des saules, mais plus gris encore, couvrent les coteaux et les collines d'une large nappe de verdure. Les villas et les métairies la constellent de points blancs.

Malheureusement nous sommes au nord de Florence qui ne nous montre que sa silhouette sombre, noyée de vapeurs bleuâ-

tres au milieu de la plaine qu'éclaire un
pâle soleil de janvier.

Sur la place, les Fiesolitains chôment
l'Epiphanie en se chauffant au soleil le
long des murs, enveloppés dans leurs manteaux, et politiquant sans doute.

Malgré le soleil, l'air est aigre sur la
place de Fiesole placée sur l'arête de deux
versants, entre deux coteaux qui la dominent. C'est un couloir où les vents doivent
régner sans cesse, passant d'une vallée à
une autre vallée montueuse couverte aussi
de vergers, de métairies et de villas.

C'est de ce côté que se voient encore les
assises en gros blocs équarris, mais à face
brute, des murs étrusques du vieux Fiesole.
Au-dessous un théâtre romain a été récemment découvert. Ses gradins de pierre
s'étagent sur les déclivités du terrain, et ce
qui reste de la scène s'élève en face, à mi-
hauteur. C'est la disposition adoptée par les
Grecs et par les Romains pour construire
leurs théâtres et même leurs amphithéâtres
à moins de frais.

Avant que d'entrer dans la cathédrale de
Fiesole, nous allons, si vous voulez bien,
retourner à Florence, car c'est jour de fête;
il fait beau, et la promenade des Casines
doit être des plus brillantes.

D'ailleurs, pour y aller, nous prendrons
le plus long, et nous parcourrons les quartiers neufs et les boulevards, dont les
larges avenues, encore un peu jeunes, doivent remplacer les anciens murs.

C'est pour créer ce nouveau Florence,
aligné au cordeau, symétrique et bien aéré,
qui fait un frappant constraste avec l'ancien, tortueux, irrégulier et sombre, que

la ville s'est ruinée, du temps qu'elle était
la capitale de l'Italie.

Il fallait bien loger tout le monde qui
s'agite autour d'un souverain, surtout con-
stitutionnel : ministres, sénateurs, députés,
ambassadeurs et employés de toute fonction, et il a fallu bâtir, et l'on a taillé eu
grand, croyant à la durée du principat de
Florence. Mais Rome est devenue capitale :
toute la colonie politique et administrative
s'y est envolée, et il ne reste à Florence
que ses promenades désertes, ses maisons
neuves inhabitées et sa caisse vide. Et encore, si elle n'était que cela !

Mais nous autres, qui ne sommes point
condamnés à payer les dettes que tous ces
embellissements ont fait contracter, nous
ne pouvons nous empêcher d'admirer ces
travaux, et surtout la transformation que
l'on a fait subir aux déclivités de San-
Miniato qui dominent l'Arno.

On y a fait là, au prix de grandes dépenses, une succession de rampes et de
paliers accessibles aux voitures, parmi les
rochers naturels et factices qu'escaladent
des sentiers destinés aux piétons plus lestes
et plus pressés, voies et chemins qui abou-
tissent parmi les massifs de plantes, les
bassins et les cascades à une place où s'é-
lève le monument de Michel-Ange. C'est là
qu'était jadis la forteresse qu'il défendit
pendant un siége, et de là, en effet, on
domine la ville, l'Arno et la vallée d'amont.

Le monument se compose d'une épreuve
en bronze du *David*, dont le soubassement
est accosté des quatre figures couchées du
Jour, de la *Nuit*, du *Sommeil* et du *Reveil*,
dont les marbres décorent, à San Lorenzo,

les deux tombeaux des Médicis : ensemble
assez bizarre qui n'a pas demandé grands
frais d'imagination.

Des bords de l'Arno, au-dessous de cette
promenade grimpante, qui rappelle quelque
peu la montée du Pincio, à Rome, j'avais
fait, il y a trente-sept ans, un croquis de
la perspective du fleuve. Dans ce temps-là,
les berges étaient irrégulières, interrompues par des maisons dont le pied baignait
dans l'eau. Il y en avait même une qui
s'avançait sur une arche, sous laquelle devait tourner jadis la roue d'un moulin.

Rien de tout cela n'existe aujourd'hui.
Des murs rigides enserrent l'Arno sur chacune de ses rives, soutenant de larges
voies carrossables que bordent de beaux
hôtels. La transformation est complète. Il
n'y a que le Ponte-Vecchio dans le fond,
et les hauts monuments qui donnent à
Florence sa silhouette qui soient toujours
les mêmes.

Les Cascines sont à l'autre extrémité de la
ville, en aval et sur l'autre rive, à l'extrémité du Lung-Arno. Cette promenade
consiste en une large allée, bordée d'un
côté par un massif toujours vert de chê-
nes lièges, au-dessus duquel de grands
arbres, peupliers et grisars, penchent la
tête, de l'autre par une haie basse. Au-delà
du massif sont des prairies coupées de
quelques allées bordées de taillis ; de l'autre
côté de la haie est une seconde allée, puis
la berge verte de l'Arno auquel la promenade est parallèle. Les piétons suivent l'allée qui s'allonge entre le fleuve et la haie
basse ; aux cavaliers et aux voitures l'autre
est réservée. On va ainsi jusqu'à un rond-

point, où jadis on allait boire du lait aux
laiteries (*cascine*) transformées aujourd'hui
en café où l'on débite de la bière et tout ce
qui vous plaira. C'est là que les voitures
s'arrêtent et stationnent, tandis que les cavaliers, même quand ils sont venus à pied
ou en voiture, s'en vont faire la cour aux
femmes restées dans leur équipage.

Plus loin l'allée se transforme en une
avenue ombragée de beaux arbres qui traverse un bois; mais personne ne s'en soucie, on va pour voir et pour être vu, et
aussi par habitude.

Les équipages sont nombreux, mais peu
sont correctement tenus. La grande curiosité, parmi eux, est le phaëton que traînent
douze chevaux attelés par paires et qu'un
Américain conduit à grandes guides. Cela
n'en finit plus. Les chevaux sont parfaitement appairés, fort bien en main, et ça dû
être une rude besogne que de former cet
attelage.

Tous les jours, à la même heure, cet
équipage se met en promenade au pas dans
les rues de Florence et à un trot modéré
dans l'allée des Cascine. Je l'ai rencontré
plusieurs fois, toujours aussi correct dans
ses allures. Mais jamais je n'ai pu le voir
tourner.

Maintenant que nous avons vu la fashion
florentine et sa colonie étrangère prenant
l'air le long de l'Arno, et les bourgeois de
la ville, les regardant passer par-dessus la
haie qui les sépare, ou s'ensoleillant sur les
quais du Lung-Arno, retournons à Fiesole.

Mino di Giovanni ou Mino de Fiesole
(1431-1484) commença le tombeau de Leo-
nardus Salutati, composé d'un sarcophage

porté sur deux consoles, tandis que celui-ci occupait le siége de Fiesole en 1462. Aussi le buste, placé au-dessous du sarcophage, et qui forme la partie principale du monument, est-il un portrait vivant, fouillé dans ses moindres particularités, un Holbein en marbre. Salutati, avec son grand nez et sa grande bouche pris sur nature, est coiffé d'une mitre et vêtu d'une chape couvertes d'ornements toutes deux.

Ce buste expressif contraste avec le rétable de marbre qui lui fait face, et dans lequel Mino est retombé dans sa manière habituelle. Ce rétable est singulièrement composé de trois figures à mi-corps dans des niches plates dont une coquille décore la voûte. Dans l'une la Vierge, les mains jointes, adore l'enfant Jésus assis sur des degrés placés devant elle et bénissant le petit saint Jean, agenouillé tout-à-fait en dehors de la niche.

Au centre est saint Léonard, diacre, et de l'autre côté saint Rémy accompagné d'un homme assis devant lui.

Ce rétable signé : OPVS MINI, peut servir de point de départ pour apprécier les œuvres de ce sculpteur charmant, surtout les Vierges en assez grand nombre qu'il a sculptées en bas-relief. Il leur fait une petite mine pointue, des plus gracieuses ; il les habille d'une robe aux manches justes, que terminent des mains longues aux doigts effilés, généralement modelées sans relief, comme toute l'œuvre, d'ailleurs. Une écharpe qui se croise sur la poitrine, où elle fait un nœud, est comme sa signature. L'Enfant-Jésus a le front développé et le menton pointu comme sa mère. Une grâce particulière se dégage de ces œuvres d'une exécution un peu sèche, comme est la *Vierge* de lui que possède le musée du Bargello.

S'il se montre un peu banal dans un sujet qu'il a dû répéter bien souvent sans guère le renouveler par quelques variantes, il se révèle comme un portraitiste éminent dans le buste de Salutati de la cathédrale de Fiesole et dans celui de Battista Sforza, du Bargello. Lorsqu'il lui arrive de s'attaquer à la nature vraie dans ses autres sculptures, comme il l'a fait pour les mains de l'homme assis devant saint Remy du rétable de Fiesole, il arrive à une vérité d'imitation surprenante.

L'église de la Badia, vis-à-vis du Bargello, possède encore deux autres œuvres importantes de Mino, bien propres aussi à caractériser sa manière qui sait allier la grâce à la maigreur des formes. Ce sont deux tombeaux, formés d'un sarcophage sur lequel repose l'effigie du défunt placée sous un arc.

Une Vierge occupe le tympan de l'arc au-dessus d'une figure de la Charité dans l'un, de la Justice dans l'autre : des anges portant la tablette où l'inscription funéraire est tracée, et des génies tenant des écussons, complètent la décoration de ces monuments placés à une certaine hauteur.

Cette même église de la Badia possède également un tombeau d'une importance considérable que l'on attribue à un autre sculpteur contemporain : Benedetto da Majano (1442-1497). Il fut l'architecte du palais Strozzi et exécuta à Santa-Maria-Novella le tombeau de celui qui l'avait fait construire,

et pour le palais même un buste magnifique que le musée du Louvre vient d'acquérir. On lui doit enfin la chaire de marbre de Santa-Croce. Sauf quand il travaille
sur la nature, et alors il est un Florentin
attentif à traduire son modèle le plus litté-
ralement possible, quitte à dégager du détail des traits le caractère dominant de la
physionomie, Benedetto da Majano est un
sculpteur gracieux qui ne manque pas
d'afféterie.

Le saint Jean, en marbre, jeune garçon
debout à demi vêtu d'une peau de mouton,
œuvre connue par les reproductions, que
l'on voit au Bargello, peut compter comme
une des plus charmantes sculptures du
quinzième siècle florentin.

Andrea di Micheli di Francesco Cione,
plus connu sous le nom de Verrochio qu'il
prit à un orfèvre chez lequel il fut apprenti
(1435 1488), travailla surtout les métaux. Les
œuvres faites avec les plus précieux ont
disparu et il ne reste que ses bronzes. Le
David du Bargello rentre dans le genre de
sculpture maigre adopté par les *quatro
centisti* florentins, qu'ils fussent peintres
ou sculpteurs, et nous avons vu que Verrochio a manié le pinceau, s'il s'est surtout servi de l'ébauchoir. Le modelé en est
sec et dur, et il nous est impossible d'y
reconnaître quoi que ce soit qui fasse pressentir Léonard de Vinci, son élève, bien
que l'on hésite parfois à distinguer les
dessins de l'un de ceux de l'autre.

Le petit enfant, debout sur un pied, qui
tient en ses deux bras un dauphin qui
crache de l'eau dans la vasque du *Cortile*
du Palazzo-Vecchio, sans être d'une exécu-

tion très souple, est d'un mouvement très élégant et d'une silhouette très heureuse. Enfin, son *Incrédulité de saint Thomas*, groupe de deux figures qui remplit une des niches de l'Or-san-Michele, nous le montre exécutant des statues drapées. Le dessin des plis est très cherché et manque de naturel, et l'exécution en est également sèche et dure.

Un marbre du Bargello, représentant une madone avec l'Enfant Jésus, bas-relief circulaire comme la plupart de ceux des statuaires florentins du XV° siècle, est plus aimable que tous ces bronzes. Mais nous avouerons que ce qui nous est connu de ce maître ne justifie pas, à nos yeux, la grande réputation qu'il eut jadis et qu'on lui fait encore aujourd'hui.

Il y aurait bien d'autres sculpteurs du quinzième siècle dont les œuvres seraient à étudier à Florence; mais il faudrait du temps, afin de se livrer à toutes les comparaisons nécessaires. Car le caractère individuel de chaque artiste est moins facile à discerner dans les œuvres du ciseau ou de l'ébauchoir que dans celles du pinceau. La forme seule, maintenue dans de certaines limites par les nécessités du métier lui-même, sert de guide pour reconnaître les premières : la couleur et une plus grande liberté dans les mouvements s'y ajoutent dans les secondes.

Si nous abordons le seizième siècle, nous trouvons tout d'abord Michel-Ange. Mais qu'en dire, après que l'on en a tant et si bien dit sur son compte?

Son Bacchus légèrement ivre ne nous avait plu ni par le sentiment trop humain de son expression, ni par sa forme, lorsque nous l'avions vu pour la première fois, il y a trente-sept ans. Il est vrai que nous arrivions de Rome, l'esprit tout nourri de l'antique et des œuvres les plus franchement idéalistes de la Renaissance.

L'impression est la même aujourd'hui. Michel-Ange, en représentant Bacchus debout sur ses jambes incertaines, avec le regard vague et le sourire déjà inconscient de l'homme que les vapeurs du vin envahissent, a méconnu le caractère élevé que l'antiquité avait donné au Dieu civilisateur. La Renaissance lui avait manqué de respect.

Puis le modelé nous avait semblé rond : dans le torse surtout. Nous avons revu cette statue un matin que le soleil frisant en accentuait tous les détails, et nous y avons reconnu des finesses de modelé que l'on ne soupçonne pas lorsqu'elle est sous le jour ambiant de la grande salle froide et blanche où elle est exposée.

L'*Adonis mourant*, la *Victoire*, l'*Apollon*, marbres plus ou moins inachevés, où la forme se devine sous l'enveloppe écailleuse qui les voile au regard, sont surtout intéressants par ce qu'ils seraient devenus plutôt que par ce qu'ils sont aujourd'hui. Mais il n'en est pas de même du buste de *Brutus*, œuvre magnifique par son grand caractère d'énergie.

Bien qu'également inachevée, *la Sainte-Famille*, bas-relief circulaire bien connu, nous montre Michel-Ange tout entier.

Citons encore, à titre de curiosité, le masque de satire que le jeune Michel-Ange tailla dans le marbre lorsqu'il n'était encore qu'un adolescent.

6

Une plaque de bronze divisée en compartiments, que remplissent des figures debout ou couchées, suivant la forme du champ, attribuée par les uns à Michel-Ange, lui est déniée par les autres. Nous nous placerions parmi les premiers, à cause du style des figures et d'un certain parti-pris dans l'exécution qui oppose des reliefs très ressentis à un modelé par méplats à peine indiqués.

Sous la coupole de Sainte-Marie-des-Fleurs, nous aurons à admirer le marbre inachevé de *la Pieta*, et dans la nouvelle sacristie de Saint-Laurent, les deux tombeaux des Médicis, dont plusieurs parties se dégagent à peine des épannelages du marbre, tandis que l'exécution d'autres parties est poussée aux dernières limites du fini ; enfin, la Vierge allaitant l'Enfant-Jésus, figures d'une grande puissance, en partie emprisonnées sous l'écorce de marbre que le temps ou la fantaisie n'ont point permis à Michel-Ange d'enlever.

Quelques réserves que l'on veuille faire parfois au nom du goût et de la vérité, il est impossible de ne point se sentir subjugué par la puissance de ce génie qui créa tout un monde à lui, au-dessus de l'humanité pour ainsi dire, si vivant et parfois si terrible.

Une chose bien particulière, c'est que ce statuaire qui taillait dans le marbre des figures si robustes, si largement conçues, se plaît aux détails fins et presque maigres dans son architecture.

Celle de la sacristie nouvelle où se trouvent les tombeaux des Médicis est de lui, et l'ampleur des figures auxquelles elle

sert de fond contribue à la rendre plus grêle
encore.

Il en est le même du vestibule de la Bibliothèque Laurentienne, que Vasari acheva
sur ses dessins et qui renferme un escalier
d'une composition assez originale à une
seule volée divisée en trois parties par deux
rampes intermédiaires.

Cette bibliothèque a été pour moi une
surprise, car elle ne ressemble en rien à ce
que nous sommes habitués à voir dans les
édifices consacrés à abriter les manuscrits
et les livres.

On croirait entrer dans une église de village ou dans un temple protestant. Deux
rangées de bancs à dossier, placés normalement à une allée centrale, occupent le parallélogramme d'une grande salle. Mais le
dossier de chaque banc forme deux pupitres
pour le banc qui le précède, et porte cou-
chés sur le plat un certain nombre de manuscrits enchaînés.

Cette disposition, qui était pratique en un
temps où les livres étaient rares, ne saurait
l'être aujourd'hui que l'activité de l'imprimerie menace d'encombrer les plus vastes
dépôts. Il faut ménager la place et couvrir
les murs du bas en haut de livres, debout
et pressés les uns contre les autres. On ne
peut les laisser s'étaler à l'aise comme sur
les pupitres de la Bibliothèque Laurentienne, qu'éclairent latéralement des fenêtres garnies, il est vrai, de vitraux d'ornement d'un excellent goût, exécutés en 1568,
sous Clément VII.

Le pavage est rouge, incrusté de dessins
blancs; le plafond, en bois sculpté, est de
1558, et les faces latérales des bancs-pupitres

sont sculptées de grotesques enlevés en plein bois.

Or, les sculptures en bois m'ont semblé rares à rencontrer jusqu'ici. Le musée du Bargello montre à peine deux ou trois coffres de mariage, et les stalles du chœur des églises sont plutôt ornées de marqueterie que de sculpture. Les marqueteurs au quinzième et au seizième siècle, les *intersiatori*, comme on les appelait, ont joué un rôle important dans l'art; mais nous avouons ne pas aimer beaucoup les perspectives compliquées qu'ils se sont plu à enfoncer sur le dossier des stalles aux membrures puissantes.

La Bibliothèque Laurentienne, à laquelle je reviens, forme, on le voit, un tout complet par son architecture, par ses emménagements et par son mobilier. Les manuscrits du cinquième au seizième siècle, et il y en a de très précieux, y sont encore enchaînés à la même place depuis les Médicis, et nous avons éprouvé en entrant dans cette salle d'étude des savants d'il y a trois cents ans la même impresssion que jadis, lorsque nous parcourions les rues de Pompeï.

Il ne faut pas que la lutte ridicule que Baccio Bandinelli (1493-1560) soutint contre Michel-Ange nous empêche de citer les œuvres emphatiques de ce statuaire, qui ne rappellent que les défauts de celui dont il croyait être le rival. L'*Hercule et Cacus*, groupe qui se dresse seul aujourd'hui à la porte du Palazzo-Vecchio, où il faisait jadis pendant au *David*; l'*Adam* et l'*Eve*, aujourd'hui au Bargello, ne sont pas cependant des sculptures à dédaigner. Mais la recherche de la puissance y amène la bour-

soufflure, et comme le souffle de vie dont
Michel-Ange savait animer ses images de
marbre manque à celles de Bandinelli,
celles-ci vous laissent indifférent et froid.

Benvenuto Cellini (1500-1571) occupe dans
l'art de la Renaissance une place moins
élevée que ne le font croire les hâbleries du
personnage et la bonne foi des romanciers
qui l'ont cru sur parole. Ses œuvres d'orfèvrerie sont perdues, sauf la salière qui,
exécutée pour François Ier et conservée
aujourd'hui à Vienne, est d'une composition des moins heureuses ; ses œuvres de
bronze sont la Diane du château d'Anet
(1543), aujourd'hui au musée du Louvre et
le *Persée* (1548) de la tribune des Lanzi.

Cette statue célèbre n'est pas sans prêter
à discussion. La tête est lourde, le torse
trop long et trop accidenté d'une foule de
détails de musculature, souvenirs des leçons
de Michel-Ange. Ces défauts, qui s'exagèrent
dans l'exécution, sont beaucoup moins sen-
sibles dans les petits modèles, l'un en cire
l'autre en bronze, qui sont conservés au
musée du Bargello. Mais l'ensemble est
gracieux, d'un dessin imprévu, et le socle
surtout est une œuvre étudiée où l'on retrouve l'artiste habitué à travailler les petites
figures plutôt que les grandes.

Ce socle, moitié marbre, moitié bronze,
tout juste suffisant pour que la statue de
métal qui le domine s'y tienne en équilibre,
forme avec elle un tout homogène, où
Cellini se montre expert aux choses d'ornement. Des têtes de bouc, des mascarons,
reliés par des guirlandes à des Termes en
saillie sur les angles, sont sculptés dans
le marbre. Des niches y sont creusées pour

abriter les statuettes en bronze de Jupiter, de Mercure, de Minerve et de Danaë.

Ces figurines aux formes allongées sont dans le style élégant et tourmenté qui caractérise l'art florentin du seizième siècle, lequel a exercé une si grande influence sur notre école de Fontainebleau.

Au-dessous du massif du socle, sur la face qui regarde la place, un bas-relief très compliqué, représentant Persée qui délivre Andromède, est encastré dans la partie qui se trouve engagée dans la balustrade de la tribune.

Cet ensemble, répétons-le, est des plus complets et des plus heureux.

Dans un beau buste en bronze de Côme Ier, au Bargello, B. Cellini s'est encore montré un ornemaniste de premier ordre dans la composition et dans l'exécution de la cuirasse du grand-duc de Florence.

Jean de Bologne (1524-1608) était de Douai, mais est devenu Florentin par l'éducation et par le domicile. Le *Mercure* de bronze, qu'il exécuta en 1564, est certainement son chef-d'œuvre, et chacun connaît cette figure aérienne, si bien balancée dans toutes ses parties, autour de laquelle on peut tourner impunément pour elle, qui est aujourd'hui conservée au Bargello.

L'Enlèvement des Sabines, qui est de la même époque, groupe en marbre placé dans la tribune des Lanzi, également connu, est une œuvre des plus remarquables par l'heureux agencement des lignes et des masses, qui permet de le considérer de tous côtés. Cette qualité « tournante » que possède la sculpture de Jean de Bologne se traduit par un peu trop de rondeur dans le modelé de ses figures

Aussi, lorsqu'on lui attribue quelques oiseaux de bronze du Bargello, un coq d'Inde et un aigle, fondus à cire perdue, d'une exécution si minutieuse, qu'ils nous rappellent les fo-hang et les oiseaux les plus parfaits qu'aient coulés les Japonais, nous ne pouvons nous empêcher de croire à une fausse attribution

Notons que, parmi tous les bronzes, grands ou petits, que nous avons vus à Florence, en plein air ou dans les musées, il n'y a que deux statuettes qui soient revêtues de la patine d'un brun chaud, qui, dans nos habitudes françaises, caractérise les bronzes florentins.

Avec Jean de Bologne, qui touche au dix-septième siècle, nous en avons fini avec les sculpteurs et même avec l'art à Florence.

Que de noms encore importants nous avons oubliés ! que d'œuvres exquises nous aurions à citer en peinture ou en sculpture, soit dans les églises, soit à l'Académie des Beaux-Arts, où nous retrouverions encore la série chronologique des initiateurs dans l'art du pinceau ! Nous y trouverions des œuvres nouvelles et souvent importantes des primitifs du quatorzième siècle, comme Fra Angelico, qui y est abondamment représenté, et de leurs éminents successeurs au quizième, comme Fra Filippo Lippi, comme Cosimo Rosselli, Sandro Botticelli, Pesellino, D. Ghirlandajo, comme Lorenzo di Credi qui y apporte comme un reflet de Léonard et surtout comme le Pérugin, dont les tableaux y sont d'une importance et d'une beauté exceptionnelles.

Puis, dans la salle des Cartons, nous y trouverions les grands et magnifiques dessins de Fra Bartolommeo.

Enfin, nous aurions encore à dire un mot de ce que Florence peut nous montrer dans ses monuments et dans ses musées des applications de l'art à l'industrie.

Mais après avoir parlé des portes de bronze du Baptistère et du Dôme, des terres cuites de Luca della Robbia, des ferronneries du palais Strozzi, des tapisseries de fabrication florentine, des gemmes des Uffizi, des sculptures en bois de la Bibliothèque Laurentienne, il nous restera peu de chose à mentionner.

Le Bargello cependant, qui ne se contente pas d'être un magnifique musée de la sculpture florentine, renferme encore une collection d'armes : parmi, il y en a quelques-unes du seizième siècle qui sont fort belles.

Une vitrine est remplie de cristaux de roche, plus importants par la taille que par la monture, mais moins beaux en somme que ceux de la salle des Uffizi ; une autre l'est d'ivoires, surtout du dix-septième siècle, dont il n'y a pas grand'-chose à dire.

Il nous est tant venu de faïences peintes italiennes, qu'il n'en reste plus dans le pays qui les a vu fabriquer. Cependant le Bargello possède une vingtaine de pièces d'un service d'Urbino, plats, aiguières, vasques à rafraîchir le vin, décorés de grotesques sur fond blanc, telles qu'une seule d'entre elles suffirait à illustrer une collection. Cette réunion est magnifique.

Florence dut être un centre important de fabrication de vitraux. Les rares fenêtres de toutes les églises en sont garnies. Mais ceux qui les ont dessinés n'ont jamais osé se livrer à des compositions d'ensemble, à quelque siècle qu'ils appartiennent. Du reste, à Florence, du moins, nous n'avons pas vu de fenêtres divisées en plus de deux compartiments par un meneau central. Aussi une succession de panneaux superposés, comprenant chacun une seule figure, les remplissent seuls, sans que l'architecture figurée y occupe la place importante qu'on lui voit prendre chez nous à partir du quatorzième siècle. De plus, la coloration de ces vitraux tourne généralement au brun roux, et contribue à assombrir l'intérieur des églises dont les fenêtres en sont garnies.

Il nous faudrait enfin, tant on quitte Florence avec peine, revenir au palais Pitti. Plusieurs salles annexes de la galerie renferment quelques vases de racine de bois — de *madre*, comme on disait au moyen-âge — d'œufs d'autruche ou de noix de coco montés en argent doré au quinzième siècle, et probablement en Allemagne, qu'un archéologue ne doit point négliger.

Enfin, une salle du rez-de-chaussée, qu'on appelle le Trésor, conserve un certain nombre de pièces d'orfèvrerie de la fin du seizième siècle et surtout du dix-septième, dont plusieurs sont le plus faussement du monde attribuées à Benvenuto Cellini.

On y montre aussi un crucifix d'ivoire, de Gian Bologna, comme en France, on nous montre partout des crucifix de Bouchardon ; mais, vis-à-vis de ce christ, nous signalerons un magnifique émail, peint certainement à Limoges, représentant *la Crucifixion* et portant le monogramme M. P. que nous ne savons attribuer à aucun de nos émailleurs du seizième siècle, bien que l'œuvre relève de l'atelier de l'un des Pénicaud.

De Pitti il nous faudrait maintenant aller à l'Œuvre du Dôme, pour y voir le *paliotto* d'argent dont on garnit l'autel du Baptistère à la fête de saint Jean, et la croix qui le surmonte, œuvres considérables des orfèvres florentins du quatorzième et du quinzième siècle : composé d'architecture et de bas-reliefs, — architecture dans le style gothique tel que l'ont transformé les Italiens, sculpture qui révèle plusieurs mains, parmi lesquelles on croit reconnaître celle d'Antonio del Pollajolo. Quant à la statuette de saint Jean, qui occupe une niche très ouvragée au centre des bas-reliefs consacrés à sa légende, elle est de Michelozzo Michelozzi (1391-1472), qui fut surtout un architecte, mais aussi un sculpteur gracieux, dont les œuvres ont une physionomie singulière due au tourmenté des draperies. Malgré la richesse de la matière, cette œuvre considérable est triste d'aspect. Il y manque quelques réveils d'or dans les ornements et dans les draperies, afin de rompre l'uniformité grise de l'argent sulfuré par l'air de plusieurs siècles.

Pistoja.

Le soleil se lève sur la plaine que traverse le chemin de fer, longeant l'Apennin. Les rivières qui en descendent, encaissées par de hautes digues, coulent au milieu

des roseaux, au-dessus du niveau du sol,
qu'elles irriguent au moyen de nombreuses prises d'eau latérales. Les champs
forment un immense échiquier, dont chaque
case est séparée de la voisine par une ri-
gole. Des files d'arbres, des ormes, je crois,
longent ces rigoles portant des festons de
vignes. Des cultures très soignées occupent
chaque case, mais la disposition de toutes
ces parcelles, leurs dimensions restreintes
et leur enceinte formée d'arbres, de vignes
et de rigoles, doivent s'opposer à ce qu'on
les laboure à la charrue. Je vois en effet
quelques-uns des paysans qui habitent les
petites fermes disséminées sur la plaine,
armés de bêches, retourner le sol.

Tout le pays que je traverse est livré à
la petite culture; mais celle-ci ne laisse pas
un coin inoccupé, emploie l'eau avec abondance et semble très variée.

Le chemin de fer traverse Prato, qui est
trop voisin de Florence pour ne point pos-
séder des œuvres d'art remarquables. On y
conserve dans la cathédrale une certaine
ceinture de la Vierge, qui y a motivé des
sculptures de Donatello et de Rosellini.
Mais plus les communications sont rapides
moins on s'arrête aux villes secondaires.
Le temps n'est plus où l'on parcourait
l'Italie en voiturin, faisant en moyenne
ses dix lieues par jour. Les stations étaient
si bien ordonnées, qu'on s'arrêtait, pour dé-
jeuner et faire reposer les chevaux, en une
ville où il y avait toujours quelque chose à
voir, et pour dîner et coucher en une bour-
gade qui n'avait aucuns regrets à vous
laisser, parce que son église était ou fermée
ou noyée d'ombre aux heures où l'on y ar-

rivait et où l'on en partait. On était moins pressé qu'aujourd'hui en ce temps-là, et l'on voyait mieux.

Pistoja s'élève dans la plaine, aux pieds de l'un des contreforts de l'Apennin. C'est une ville sans industrie et qui semble morte. Ce que l'on voit de sa population dans les rues désertes offre en majorité un caractère rural. Aussi jugez de ma surprise de rencontrer, sortant de chez elle pour aller faire ses visites, une belle dame vêtue à la dernière mode de Paris, et portant fort élégamment sa toilette.

La place du Dôme renferme les principaux monuments de Pistoja, mais ne les renferme pas tous.

Le Dôme, comme d'habitude, se divise en trois : le campanile, le baptistère et l'église.

Le campanile est une tour carrée, sans ouvertures, quelque chose comme une forteresse, dont les murs lisses portent à leur partie supérieure deux ou trois galeries superposées, formées de colonnes portant des arcs en plein cintre, sous un toît aigu à quatre faces ; ensemble assez pittoresque, qu'accidentent quelques écus d'armoiries en marbre ou en terre cuite émaillée, plaqués sur le nu du massif de la tour.

Le baptistère est un octogone : imitation simplifiée de celui de Pise, construit en marbre blanc et noir, montrant quelques détails d'un gothique des plus lourds et restauré tout à neuf.

Le Dôme fut bâti au douzième siècle, dit-on ; mais il a été tellement remanié depuis, qu'il ne reste guère de sa construction primitive. Son porche est ce qu'il

montre de plus remarquable à l'extérieur.
Construit à l'aide de colonnes de diverses
provenances, ainsi que leurs chapiteaux, il
doit dater du quinzième siècle. Sa travée
centrale porte une voûte en berceau toute
revêtue de caissons en terre cuite émaillée
de blanc sur les moulures, de bleu sur le
fond des compartiments et de jaune sur
les rosaces saillantes qui les remplissent.

Cet ensemble élégant encadre le tympan
de la porte qu'Andrea della Robbia a ornée,
en 1505, d'une Vierge à mi-corps soutenant
l'Enfant Jésus, debout sur une tablette,
adoré par deux anges : sujet fréquemment
traité dans l'atelier de la famille.

Les œuvres des Robbia sont nombreuses
à Pistoja. Nous aurons à en signaler de
considérables, ce qui nous ferait presque
supposer que l'atelier d'où elles sont sorties
n'en était pas très éloigné.

A l'intérieur, contre le mur du bas-côté
sud de la cathédrale, est plaqué le tombeau
d'un poëte de Pistoja, ami de Dante et de
Pétrarque, et élève de notre Université de
Paris, de Guittone Sinibaldi, plus connu
sous le nom de Cino. Nous le citons parce
que c'est une œuvre du milieu du quatorzième siècle, qui montre que la sculpture
italienne était en des mains bien inhabiles,
en dehors de celles des Pisano.

Mais dans la chapelle absidale du bas-
côté opposé, vis-à-vis d'un charmant tableau
de Lorenzo di Credi, représentant la Madone entre deux anges, nous aurons à citer
un buste de Donatus Medicis, évêque de
Pistoja, représenté les mains jointes et
porté sur un culot décoré de deux cornes
d'abondance, encadrant l'écu si connu. Cette

œuvre, datée de 1425, et attribuée à Rosellino, est des plus exquises, et va de pair avec les plus beaux bustes exposés au Bargello de Florence. A l'extrémité du même bas-côté, vis-à-vis du tombeau de Cino, une œuvre de deux styles bien dissemblables mérite qu'on s'y arrête, c'est le tombeau du cardinal Fonteguerra.

Deux époques y ont travaillé : le quinzième siècle et le seizième. Verocchio aurait exécuté en 1474 les figures de Jésus-Christ dans une auréole ogivale portée par des anges et accompagnée par les trois Vertus théologales. Les draperies en mouvement de toutes ces figures rappellent certainement le style du maître de Léonard.

Le reste serait de Lorenzetto, qui fut à Rome le collaborateur de Raphaël pour les statues de *Jonas* et d'*Élie*. Mais le voisinage des figures du quatorzième siècle, malgré leur défaut de simplicité, le fait paraître bien maniéré.

La cuve des fonts baptismaux se dresse en avant d'un arc encadré par deux colonnes supportant une architrave sous un fronton, de style tout antique. Un bas-relief, représentant naturellement le baptème du Christ, occupe le tympan de l'arc : puis, au-dessous, les différents épisodes de la légende de saint Jean-Baptiste sont représentés en figures de plus petites proportions.

Tous ces bas-reliefs, ainsi que deux Victoires, d'un dessin très remarquable, qui volent au-dessus de l'arc, sont attribués à Andrea Ferucci (1465-1526), dont j'avais déjà vu dans la cathédrale de Fiesole, sa patrie, le rétable du maître-autel, que décorent des sculptures dont plusieurs sont charmantes.

Andrea Ferucci me semble supérieur dans l'exécution des petites figures et rappelle le style de Luca della Robbia, tout en donnant plus de liberté aux draperies dont il revêt ses personnages.

Il ne possède peut-être pas une personnalité très accentuée, mais c'est un artiste d'un talent aimable.

Tandis que je circule dans la cathédrale, on achève une messe dans une certaine chapelle, qui m'a surtout attiré à Pistoja, et, la messe dite, je m'y installe d'autant plus à l'aise que le sacristain en a fermé les rideaux qui peuvent la séparer de l'église, tandis qu'il débarrasse de ses enveloppes ce que je suis venu voir. C'est une œuvre d'orfévrerie des plus vastes assurément, et qui a son importance même à côté du *paliotto* du baptistère de Florence.

Cette œuvre consiste en un revêtement et en un rétable d'autel, qui, remaniés pendant la période de décadence du seizième siècle, en France nous dirions le dix-septième, appartient pour la majeure partie au quatorzième.

Le revêtement de l'autel est composé d'une suite de bas-reliefs en argent repoussé, représentant des scènes de l'Evangile et de la légende de saint Jacques Majeur, à qui l'autel est consacré. Ces bas-reliefs sont encadrés par des frises en argent décoré de feuillages estampés. Un quatre-feuilles en émail translucide sur relief couvre les assemblages de toutes ces frises. Une belle inscription émaillée sur le socle apprend, si le style ne le révélait, que cette œuvre est de deux mains et de deux époques.

La partie antérieure est d'André Ognabene, orfèvre de Pistoja, qui l'exécuta en MCCCXVI; les deux parties latérales, aujourd'hui placées à la suite de la partie centrale et au même plan, sont de Leonardo di ser Giovanni, orfèvre de Florence, qui l'a datée de MCCCLXX. Cet orfèvre fut le premier maître de Luca della Robbia, qui n'a rien conservé de son style un peu lourd et encore quelque peu gothique.

Le rétable est placé aujourd'hui à une hauteur considérable, au-dessus de gradins encombrés de vases à fleurs et de chandeliers, encadré dans une architecture massive dans laquelle glissent les volets protecteurs de cette œuvre.

Afin de l'étudier quelque peu, il est nécessaire d'escalader les gradins, et même de se hisser jusque sur les moulures de l'encadrement.

Caché derrière mon rideau, j'y parviens avec l'aide du sacristain, auquel les chanoines qui chantent l'office au maître-autel laissent toute liberté.

Ce rétable se compose de deux grandes niches gothiques centrales superposées : dans l'une est la statue du Christ législateur; dans l'autre, celle de saint Jacques-Majeur. Plusieurs rangs de figures de moindres proportions, les unes en pied, les autres en buste, les accompagnent à droite et à gauche.

Malheureusement aucune inscription ne donne la date de cette œuvre, dont plusieurs parties sont excessivement remarquables, surtout la figure de saint Jacques, qui est d'assez grandes proportions et presque de ronde bosse. Elle rappelle notre style français du quatorzième siècle et est attribuée par le sacristain à M° Gigho Pisano, sur lequel nous ne trouvons aucun renseignement. Peut-être s'agit-il d'Andréa?

On attribue à Brunelleschi deux figures en buste placées chacune à l'extrémité de l'un des rangs, et à Donatello celles en pied qui leur sont superposées. Quel que soit le mérite de ces attributions, il est incontestable que ces quatre figures sont bien supérieures par le style et par le mouvement aux autres, qui sont d'une exécution sommaire et un peu barbare.

La place du Dôme possède enfin deux monuments civils qui lui donnent encore aujourd'hui une physionomie du moyenâge. C'est d'abord le palais Pretorio, construction massive, dont la cour centrale est tout entourée de portiques bas et trapus, portant des murs lisses percés de rares ouvertures : un véritable puits carré. De nombreux écussons en terre cuite émaillée, placés sous les portiques, donnent seuls quelques notes gaies dans cet édifice sombre, où siégent les tribunaux.

En face s'élève le Palais Communal, dont l'aspect n'est guère moins rébarbatif, bien qu'un portique extérieur orne sa façade. Une tête en marbre noir est accrochée à une potence en fer au-dessous d'une fenêtre du premier étage. Cette tête est là depuis l'année 1325, et celui qu'elle représente voulut livrer Pistoja à ses ennemis.

C'est ainsi que l'Italie, malgré les révolutions qui ont transformé ses gouvernements, conserve les monuments, souvenirs par-

7

lants de son histoire. Parce qu'un régime
a remplacé un autre, on ne s'y croit pas
obligé de détruire tout ce que le régime
précédent avait laissé de monuments. Il y
place sa caractéristique à côté, et cela suffit.

Depuis que Caracalla, après avoir fait as-
sassiner Jeta, son frère, effaça son nom des
monuments où il était gravé à côté du sien,
je ne crois pas qu'il y ait d'exemple en
Italie des mutilations politiques auxquelles
se livre, après chaque révolution, le peuple
qui se laisse appeler le plus éclairé et le plus
spirituel de la terre.

L'église Saint-André présente le grand
mérite de nous montrer l'état de la sculpture italienne à la fin du douzième siècle et
au quatorzième siècle.

Les spécimens de la première sont bien
barbares, ceux de la seconde sont magnifiques.

Le monument lui-même est des plus intéressants, car s'il ne portait pas inscrite
sur sa porte la date de sa construction, on
le croirait contemporain des origines du
christianisme. Il est bâti, en effet, sur le
plan des anciennes basiliques à trois nefs,
à charpente apparente, séparées par des
colonnes à chapiteaux corinthiens, d'une
exécution très sèche. Les modillons qui
supportent la corniche extérieure, formés
pour la plupart de têtes grimaçantes, à la
façon romane, accusent seuls une époque
plus récente. La façade est décorée de cinq
arcades aveugles portées par des colonnes
corinthiennes engagées et cantonnées de pilastres aux angles, décorée de feuilles entablées sur les archivoltes : les filets et les

astragales des colonnes appartenant au fût,
à la mode des anciens. Des losanges, suivant une mode constante en Italie, occupent chaque tympan.

La porte est flanquée de deux pilastres
portant un bandeau sculpté; son arc de dé-
charge, décoré de feuilles entablées, porte
sur des têtes saillantes placées au-dessus
de deux lions dévorant l'un un homme,
l'autre un oiseau.

Nous insistons sur ces détails parce
qu'ils affectent des formes tout antiques.

Sur le bandeau de la porte, une main
fort inexpérimentée a sculpté deux épisodes
de la légende des rois mages : leur entre-
vue avec Hérode et l'Adoration. Ce bas-
relief barbare, plutôt ciselé que sculpté,
encadré de feuillages de style oriental exécutés au trépan, comme faisaient les Romains de la décadence, porte cette inscription en lettres onciales : FECIT HOC OP(VS)
GRVAMONS MAGIST(ER) BON(VS) ET ADODAT
FRATER EIVS.

Les chapiteaux des pilastres sont également sculptés : celui de gauche représente
l'Ange et Zacharie sur une face, la Visitation sur l'autre ; celui de gauche, l'Annonciation, sculpture dont l'inscription
MAGISTER ENRICVS ME FECIT indique l'auteur.

Ces sculptures, nous le répétons, ne sont
en aucune façon supérieures à celles que
nous pouvons rencontrer en France sur
nos monuments romans. Or, au-dessous
du linteau, nous avons lu la date suivante :
M.C.LX.VII. Nous avons quelque incertitude
cependant sur la signification de la lettre
que nous avons cru être un L, et nous
voyons que les épigraphistes discutent en-

tre les dates de 1167 et de 1197. Nous ne demandons pas mieux que la seconde lecture soit la bonne, car elle nous reporte à l'aurore du treizième siècle, et dussions-nous nous répéter, nous rappellerons quel était l'état de l'architecture et de la sculpture en France à cette époque. Ce ne fut que soixante ans plus tard que Nicolas Pisano fit sortir la sculpture italienne des limbes de la barbarie, et quarante ans ensuite que Giovanni, son fils, sculpta, pour l'église qui nous occupe, la belle chaire, qui est presque une réplique de celle du baptistère de Pise.

Sa cuve à six pans est portée par sept colonnes de rouge antique, dont les bases à moulures gothiques reposent sur des hommes et des animaux. La sculpture des bas-reliefs des panneaux est d'un relief très accusé, très mouvementée, très peu gothique dans ses draperies. Nous louerons surtout les figures des tympans des arcs et un saint Pierre d'une fort belle tournure.

Une longue inscription nous donne le nom de l'auteur peu modeste de cette œuvre. SCVLPSIT IOHES QVI RES NON EGIT INANES, et la date MILLE TRICENTIS.

Cette belle œuvre avait été précédée, à Pistoja, par une autre de même nature, dont on voit quelques éléments dans l'église de Saint-Jean. C'est encore un sculpteur de l'école de Pise qui l'a exécutée. La face antérieure de cette chaire, qui semble avoir surtout été un ambon destiné à la lecture des évangiles, est ornée des symboles des quatre évangélistes, ingénieusement combinés pour que l'aigle serve de pupître.

Un groupe des trois Vertus théologales qui porte aujourd'hui un bénitier appartient au même style sauvage et semble provenir de la chaire. Celle-ci devait certainement former un ensemble plus complet que ce qu'on en voit aujourd'hui, à en juger par la chaire de Saint-André de Pistoja, par celles du baptistère et de la cathédrale de Pise (1), pour ne parler que de celles que nous connaissons et qui sont dues à des artistes pisans.

Une belle *Annonciation*, bas-relief en terre émaillée placée dans le tympan de la porte de la sacristie, de l'un des Robbia. complète tout ce qu'il y a de remarquable dans cette église que des remaniements modernes ont rendue insignifiante à l'intérieur, mais qui présente un grand intérêt à l'extérieur, car elle se montre aujourd'hui telle qu'elle fut construite à la fin du douzième siècle et au quatorzième sur les deux seules faces qu'on en aperçoit.

La face latérale, construite en marbres blancs et noirs alternés, est décorée de trois rangs d'arcades en plein cintre superposés, qui ne se correspondent guère, car le premier rang, qui porte sur des pilastres, ne comprend que quatorze arcs, le second, porté sur colonnes corinthiennes détachées

---

(1) Les différents éléments de la chaire du Dôme de Pise, conservés pour la plupart au Campo-Santo, où nous les avons déjà étudiés, ont été moulés et réunis pour former un tout complet par les Anglais pour le musée de South-Kensington.

du mur, en comporte vingt-sept, et le troisième trente-huit.

Cinq petites fenêtres seulement sont percées dans les tympans du second rang, tous les autres sont ornés de losanges. Un damier et une corniche romane surmontent le tout.

La porte percée dans l'un des arcs du soubassement est absolument semblable à celle de l'église Saint-André. *La Cène* est sculptée sur son linteau. Le Christ est assis de face avec onze apôtres et fait communier le douzième, agenouillé devant la table, suivant des exemples assez fréquents à rencontrer dans les miniatures du douzième siècle. Les figures sont dures, sans expression, exécutées de pratique, revêtues de draperies à plis parallèles. Une inscription en lettres onciales, que nous n'avons pu lire, doit donner le nom de l'auteur, car on attribue cette œuvre au même Gruamonte dont nous avons relevé le nom sur la porte de Saint-André. Nous sommes donc encore en présence d'une œuvre de la fin du douzième siècle, qui daterait cette partie de l'église.

Quant au chevet, qui est plat, ses assises et ses éléments se raccordent si parfaitement avec ceux du mur latéral, qu'au premier abord on les croirait l'un et l'autre du même temps. Mais les colonnes qui supportent l'arcature qui le décore sont construites avec le chevet, en marbres blancs et noirs, et non rapportées; puis si ces arcs sont en plein cintre, celui du centre est en arc aigu percé d'une fenêtre ogive ornée d'un oculus et d'un meneau la subdivisant en deux compartiments ogives. Cette partie, de style

évidemment postérieur à celui du mur latéral, serait de 1344; mais il n'est pas impossible que la porte qui sert à dater ce dernier ne soit le reste d'une construction antérieure, et que celui-ci ne soit moins ancien qu'on ne suppose.

Les hospices et les hôpitaux que l'on a
élevés à Florence au quinzième siècle ont
tous leur façade composée d'un portique
porté sur colonnes qui supportent un seul
étage. Des bas-reliefs en terre cuite
émaillée décorent d'ordinaire le tympan
triangulaire des arcs. Sur celui des Innocents, place de l'*Annunziata*, ces bas-reliefs
représentent des enfants debout, tendant les
bras, le corps emprisonné de langes sur
lesquels s'enroulent et se croisent de longues bandelettes, comme l'on en voit encore,
plus ou moins ornées, dans les étalages des
boutiques de mercerie. Chacun a été modelé dans une attitude différente par Andrea della Robbia,
Mais cette décoration n'est rien auprès
de celle de l'hôpital de Pistoja, *l'ospedale
del Ceppo*, comme on l'appelle, d'après un
écu, croyons-nous, que l'on voit plusieurs
fois répété sur sa façade et qui représente
une souche d'arbre avec ses racines.
Les sept Œuvres de miséricorde sont fi-
gurées sur la façade en une longue frise
en terre cuite, partiellement émaillée,
qu'Andrea della Robbia exécuta de 1525 à
1535, ainsi que le constatent deux dates
inscrites sur deux des bas-reliefs.
Cette frise, qui n'a pas moins d'une qua-
rantaine de mètres de longueur, est séparée en sept parties, formant chacune un

sujet, par deux pilastres encadrant la figure debout d'une Vertu théologale ou cardinale. Sur les angles de l'avant-corps, une Chimère portant sur le ventre l'écu de l'hôpital, interrompt la frise, qui commence d'un côté sur le mur latéral.

Enfin au-dessous et dans le tympan des arcs, de grands bas-reliefs circulaires représentent l'Annonciation, la Visitation, l'Assomption, l'écu des Médicis et celui de l'hôpital.

Cet ensemble, dont l'éclat a été un peu amorti par le temps, manque d'accompagnement peut-être dans le reste de la construction, au milieu de laquelle il donne une note gaie. — Quelle note! Un point d'orgue de 40 mètres de long!

Le moulage de cette frise, qu'on vient de placer dans la cour du Mûrier de l'Ecole des Beaux-Arts de Paris, se trouve trop près de l'œil, et cette sculpture, surtout exécutée pour être vue à distance, peinte en blanc, ne saurait reproduire l'effet de l'original où la couleur mate de la terre cuite se marie aux émaux sobrement brillants des vêtements et des accessoires.

Un ancien officier français qui s'est fixé à Pistoja, *Il Capitano*, comme on l'y appelle, tout en tenant une boutique de change, rendue nécessaire par la multiplicité des billets créés dans ce pays sans argent par l'Etat et une foule de banques provinciales, rend à ses compatriotes tous les bons offices qu'ils peuvent réclamer. Il tient aussi en dépôt les photographies de l'ensemble et des détails des monuments si intéressants de sa ville d'adoption.

Bologne.

A peine sorti de la station de Pistoja, le chemin de fer gravit les pentes de l'Apennin que colore le soleil couchant. De la gorge que suit la voie ferrée en décrivant de nombreux lacets, la vue s'échappe sur les contreforts de la montagne que couvrent des taillis semés de défrichements autour d'une modeste maison. Partout où le sol arable offre quelque profondeur, on s'est ingénié à le mettre en culture.

Quelques plaques de neige, avec les arbres dénudés, nous rappellent que nous sommes en hiver, lorsque la nuit et le froid nous surprennent au milieu des magnifiques grandeurs du spectacle qui passe devant nos yeux.

Per Baccho! fa freddo! s'exclame un prêtre qui monte dans le wagon mal chauffé où je lutte contre le froid, étendu dans une couverture de voyage, — Il fait froid, en effet! répondis-je à cette interpellation indirecte.—*Sicte franchese!* et mon compagnon qui ne ne demandait pas mieux que de bavarder, entame un long monologue dont une bonne partie m'échappe, mais que la politique remplit tout entier. Quelle politique! — La France, reine des nations, serait l'impératrice du monde si, gouvernée par un roi chrétien, elle remettait le pape sur son trône.—Tout cela dit dans cette belle langue italienne si sonore, par un homme qui parlait avec chaleur, ne réchauffait guère le wagon, et j'étais gelé en arrivant à Bologne.

A l'hôtel, on m'offrit une chambre immense, dont les murs nus étaient peints à fresque, mais qui était meublée de deux lits. Deux lits pour un voyageur n'étaient pas trop, car j'en dépouillai un pour couvrir l'autre. Je parvins ainsi à m'écraser, mais non à me réchauffer, tant le froid avait pénétré profondément.

En traversant l'Apennin, j'étais tombé dans l'hiver et dans la neige.

De Bologne, je dirai peu de chose, car je n'y séjournai guère, m'y étant arrêté seulement afin d'étudier un pavé en faïence peinte, qui est d'une certaine importance dans l'histoire de la céramique italienne.

Mais ce pavé couvre le sol d'une chapelle de l'église San-Petronio, qui est un édifice remarquable, et les rues de Bologne sont d'une physionomie si originale. qu'il faut bien en parler. Presque toutes ces rues sont bordées de maisons à arcades, de telle sorte qu'on peut traverser la ville en tous sens à l'abri du soleil ou de la pluie. La chaussée est pavée de cailloux roulés, fort durs aux pieds, que coupent deux bandes longitudinales de pierre ou de marbre, sur lesquelles les voitures roulent plus doucement que sur le pavage.

Ces arcades, qui peuvent être très commodes, cachent les passants et donnent quelque tristesse aux rues, même les plus fréquentées.

Je me rappelle encore l'impression que me fit pendant mon premier voyage à Bologne une de ces voies bordées de portiques qui mène en dehors de la ville à un magnifique cimetière où les morts sont, comme dans les catacombes, enfermés dans l'épaisseur des murs.

Au milieu du méandre de ces voies bordées de galeries, j'aperçois estompées par
les vapeurs grises du matin les deux tours
penchées, massifs prismatiques de briques
qui sortent de constructions basses d'une
architecture assez baroque, et qui étaient
restés dans mes souvenirs avec de chaudes
colorations dorées.

San-Petronio est une vaste église, d'une
construction très soignée, qui, malgré sa
longueur, ne serait que l'abside de l'église
primitivement projetée. Sa nef immense,
que termine un chevet polygonal, est bordée par deux nefs un peu plus basses
qu'elle, sur lesquelles s'ouvrent les chapelles.

Les piliers carrés sont flanqués de colonnes sur l'angle, et couronnés par un premier chapiteau de trois rangs de feuilles
simplement épannelées. D'un second chapiteau naissent les nervures de la grande
voûte et des bas-côtés. Un simple oculus
percé au-dessus des arcades éclaire la nef,
qui reçoit surtout le jour des fenêtres relativement larges des chapelles. Celles-ci, en
effet, sont garnies d'un réseau gothique
formé d'un oculus sur deux ogives assez
larges pour être subdivisées elles-mêmes de
la même façon. Des vitraux les garnissent,
représentant des personnages superposés,
de colorations assez dures.

Cet édifice, fondé en 1390, est de style
gothique, on le voit, tel que les Italiens
l'ont modifié.

L'absence de clairevoie dans la nef, la présence de nefs latérales presque aussi élevées qu'elle; le parti-pris de l'éclairage par
les fenêtres soit des bas-côtés, soit des cha-

pelles, montre que c'est par l'Allemagne
que le style gothique a dû s'introduire
dans la péninsule. Notons qu'ici l'architecte
de San-Petronio avait été ambassadeur à
Venise, ville en communication si constante avec les pays placés au-delà des
Alpes.

L'âme de la construction est en briques,
mais le réseau de ses fenêtres, d'une fort
belle exécution, et son revêtement sont en
marbre : revêtement très soigné à l'extérieur où de nombreux bas-reliefs le décorent sur la façade percée de trois portes
ogives.

Les sculptures de la porte centrale sont
l'œuvre de Jacopo della Quercia (1371-1438),
sculpteur siennois, qui les exécuta vers
1425. Elles sont encadrées par des quatrilo-
bes et représentent les principales scènes
de la Genèse dans un style plein de force
et de grandeur, qui certainement fait pressentir Michel-Ange.

Les draperies des personnages y sont
quelque peu tourmentées, aussi lui attri-
bue-t-on un bas-relief placé sur l'une des
portes latérales percée dans le flanc nord
de Sainte-Marie-des-Fleurs de Florence. Ce
bas-relief représente *l'Assomption* telle qu'on
la figurait au moyen-âge et que nous la
voyons dans l'un des charmants bas-reliefs
de pierre qui avoisinent la Porte-Rouge de
Notre-Dame de Paris. La vierge est placée
debout dans une auréole ogivale que portent des anges. Cette *Madona della Cintota*,
que nous avons souvent regardée à cause
de la grâce maniérée des anges qui cabrio-
lent autour de la Vierge et de l'enlevé des
plis tourbillonnants de leurs robes, cher-

chant s'il n'y aurait pas moyen de la rapprocher de ce que nous avions vu de Benedetto da Majano, à la Badia de Florence,
ne nous rappelle ni le style sévère, ni les
draperies amples mais lourdes des bas-
reliefs de Bologne.

Nous rapprocherions plutôt cette vierge
des œuvres de Verrochio, s'il faut surtout
attribuer à ce dernier le tombeau du cardinal
Fonteguerra, que nous avons vu dans la
cathédrale de Pistoja, bien qu'on prononce
à son sujet le nom de Pollajolo.

Voilà bien des noms et bien des incerti-
tudes. C'est que la sculpture est plus im-
personnelle que la peinture, et que la comparaison est difficile entre des œuvres vues
loin les unes des autres dans l'espace et
dans le temps.

Quels que soient les auteurs du bas-relief
de la cathédrale de Florence et de celui de
la cathédrale de Pistoja, ceux de Saint-Pe-
trone de Bologne sont d'un grand artiste,
dont je regrette de n'avoir pu aller voir les
autres œuvres à Sienne.

Le pavage qui m'a fait m'arrêter à Bologne
couvre tout le sol, les marches et les contre-
marches de l'une des chapelles de Saint-
Petrone. Il est formé de pavés hexagones
peints de sujets excessivements variés, depuis des bustes d'un très beau style et d'un
dessin très serré, jusqu'à des vues de maisons, le tout entremêlé d'inscriptions, de
rosaces et d'ustensiles de ménage, exécutés
surtout en camaïeu bleu, avec quelques
touches orangées et vertes plus rares.

Ces motifs me semblent assemblés au hasard, et les inscriptions paraissent n'avoir

aucune signification particulière. Il y en a
de sentencieuses, d'autres qui donnent
des noms de gens qui sont qualifiés DE
FAVENTCIE.

Je crois donc ce pavage exécuté à Faenza,
vers l'année 1487, dont il porte la date, bien
que les frises d'encadrement peintes sur des
carreaux rectangulaires soient décorées de
fleurs de camomille au milieu d'ornements
filiformes que l'on trouve sur quelques pièces
de Chaffagiolo. Mais l'atelier de Faenza était
mieux placé pour approvisionner Bologne,
sur le même versant de l'Apennin, que n'était
celui de Chaffagiolo, qui, sur l'autre versant,
devait avoir Florence pour débouché, s'il ne
fabriquait pas exclusivement pour les Médicis.

La chapelle où se trouve ce pavage est
garnie le long des murs de deux beaux
bancs à dossier, dont les montants et la
corniche, très délicatement sculptés de tro-
phées d'un dessin léger, encadrent des panneaux de marqueterie.

Ceux-ci ont pour motif central un oiseau
dans un médaillon qu'entourent des rinceaux et des palmettes, ornements plus plai-
sants que les vues de ville et perspectives
qui ont surtout exercé la patience des marqueteurs italiens et que nous trouvons sur
le banc d'une autre chapelle de la même
église.

Une des œuvres de Niccola Pisano se
trouve à Bologne. C'est le tombeau de
saint Dominique, l'*Arca*, ainsi qu'on l'appelle, qu'il exécuta vers 1265.

Au sarcophage primitif, à la châsse de
marbre toute couverte des sculptures assez
lourdes et confuses de Niccola et fort mé-

diocres d'un dominicain, son élève, on superposa en 1469 une seconde urne toute couverte d'ornements d'un grand goût, qui porte un certain nombre de statues.

L'*Arca*, en outre, est portée sur un long bas-relief qui sert de gradin à un autel aux extrémités duquel sont agenouillés deux anges cereféraires.

L'un des deux passe pour être de la jeunesse de Michel-Ange, mais lequel ?

Tout le monde, depuis Vasari, prétend que c'est celui de gauche en regardant l'autel, ou du côté de l'Evangile. Et de fait c'est le meilleur des deux. Celui-là même est charmant. Mais nous ne serions pas éloigné de croire que si Michel-Ange a fait l'un de ces deux anges, c'est celui de droite que son ciseau a taillé. C'est à celui-là, en effet, que nous sommes allé du premier coup, sans savoir lequel des deux était désigné par la tradition, attiré par quelque chose de robuste déjà qui se cache sous les draperies du vêtement.

On devine des pectoraux sous les plis de la robe, des biceps et des deltoïdes sous les manches et, enfin, la face a quelque chose d'écrasé, avec un front bas et carré, tout prêt à recevoir les cornes rudimentaires du faune antique, détails qui me semblent caractéristiques du style de Michel-Ange.

Nous n'aurons pas l'audace de prétendre que tout le monde s'est trompé, mais nous voudrions que la critique étudiât sans prévention les deux anges dont il s'agit, et se prononçât après un examen scrupuleux.

Bologne est la patrie du peintre Francesco Raïbolini, dit le Francia (1450-1517), dont la manière rappelle celle du Pérugin, mais avec plus d'ampleur dans le dessin et des colorations plus puissantes. Raphaël l'eut en estime, mais nous supposons que c'est par pure politesse qu'il l'engagea à corriger les défauts de la *Sainte-Cécile* qu'il envoyait à Bologne.

Cette *Sainte-Cécile*, si connue par la gravure, est conservée au musée de Bologne, à côté d'une demi-douzaine de tableaux du Francia, et il nous semble d'après le style de ces derniers que leur auteur aurait été fort empêché de rien corriger à l'œuvre de son jeune ami, œuvre qui appartient à la manière déjà puissante que lui donna à Rome la vue de ce que Michel-Ange y avait peint.

Les compositions du Francia se ressemblent toutes un peu, et consistent généralement en une assemblée de saints entourant un trône où la Vierge est assise portant l'Enfant Jésus. Des anges musiciens sont parfois assis sur les degrés, et il y en a de charmants sur l'un des tableaux du musée de Bologne.

Un de ses autres tableaux est presque une répétition de la belle *Annonciation* que possédait M. F. Reiset, et qui appartient aujourd'hui à M. le duc d'Aumale.

Tout ce qui est sorti du pinceau du Francia n'est pas d'égale valeur : les types se répètent, la couleur est dure ; mais il est exquis dans ses œuvres de choix, surtout lorsqu'il éclaircit sa couleur, qui, toujours solide et puissante, le rapproche du vénitien Bellini, tandis que par le style du dessin il rappelle le Pérugin.

Cette double tendance en fait bien le père

de l'école bolonaise qui eut l'éclectisme pour règle.

Le musée ne possède rien d'Annibal Carrache, qui fut le plus grand de cette seconde école qui ressuscita l'art italien à la fin du seizième siècle; mais il est riche en tableaux religieux de Guido Reni et possède une œuvre remarquable du Domiminiquin; le *Martyre de sainte Agnès*, qui, avec la *Communion de saint Jérôme*, de Rome, est son chef-d'œuvre. Notons que cette dernière composition s'inspire du même sujet peint antérieurement par Augustin Carrache, et qui figure au musée.

Mais un mortel ennui nous saisit dans les salles où s'étalent les vastes, lourdes et théâtrales compositions de tous ces maîtres secondaires, et après avoir jeté un dernier regard sur la *Sainte Cécile*, de Raphaël, ainsi que sur les œuvres de Francia, auquel font cortége plusieurs de ses élèves, comme Lorenzo Costa, Innocenzo d'Imola et le Cotignola, nous disons sans grand regret adieu à Bologne.

Milan.

De Bologne à Milan s'étend, sur toute la plaine, une nappe de neige que coupent seules les nombreuses rigoles alimentées par les eaux qui descendent de l'Apennin. Sans être le moins du monde agriculteur, je ne puis m'empêcher d'admirer le système d'irrigation dont le réseau couvre toutes les provinces que j'ai traversées depuis que j'ai quitté Pise. Il est vrai que la chaîne de montagnes qui forme comme l'épine dorsale de l'Italie est un merveilleux

8

réservoir. Mais il eût été si naturel de ne pas l'utiliser.

Il me semble, à voir l'intensité de l'agriculture italienne, que ce pays doit être riche et qu'avec un peu de labeur et de persévérance, il sortira de la crise financière contre laquelle il se débat aujourd'hui.

Milan est une ville magnifique, une vraie capitale.

La place du Dôme, qui en occupe presque le centre, est comme le cœur du réseau des rues qui y apportent le mouvement et la vie. C'est de là, en effet, que rayonnent, c'est là que convergent tous les omnibus, qui arrivent et qui partent incessamment. Pour quinze centimes, on va de ce centre aux extrémités, ou l'on y revient.

En me promenant sous les galeries qui entourent la place sur trois de ses côtés, le quatrième étant formé par la vaste façade de la cathédrale, j'admire la belle prestance des gardes municipaux. Tout vêtus de longues redingotes noires et armés d'une grande canne, ils ont un faux air de suisses d'église en petite tenue. Ceux de Florence, avec leur haut tricorne, coiffé en bataille, que décore un plumet les dimanches et les jours de fêtes, et leur uniforme militaire, ont une tournure de soldats d'opérette tout-à-fait plaisante.

Sur la place du Dôme, la galerie Victor-Emmanuel débouche par une arcade immense ouverte entre deux sortes de pilônes. Cette entrée est grandiose, mais la galerie, que traverse une autre galerie transversale, ne l'est pas moins. Sa hauteur sous le vitrage est de 32 mètres, et l'octogone de la

croisée qui a près de 30 mètres de diamètre
est surmonté par une coupole qui a 50 mètres sous clef. Ces galeries, qui mesurent
près de 15 mètres de large, ont le grand
mérite d'être assidûment fréquentées. Les
grands cafés et les belles boutiques y sont
installés, et la foule ne les quitte qu'à l'heure
où les gens, honnêtes ou non, ont l'habitude de se coucher.

Londres et Paris sont loin d'avoir rien
de semblable, et les galeries Saint-Hubert
de Bruxelles pourraient seules approcher
de la galerie Victor-Emmanuel de Milan.

Le Dôme, si célèbre et que tout le monde
connaît, est une église gothique qui, commencée en 1386, vient à peine d'être achevée, sans que l'on ait jamais cessé d'y travailler, je crois. Aussi y voit-on, surtout
vers la façade, les plus réjouissants amal-
games de styles. On a voulu que la forme
fût toujours gothique, mais il y eut des
époques où l'on fut impuissant à réaliser
ce désir, et rien n'est drôle comme de voir
sur la façade des cariatides dans le style
de Michel-Ange plier sous le faix de pinacles à crochets, qui prétendent être du quinzième siècle.

Les cinq portes de la façade sont cependant franchement de la Renaissance, mais
les fenêtres qui les surmontent sont de
forme ogivale.

Tout cela serait, en somme, de peu d'importance si ces disparates se fondaient dans
une nsemble satisfaisant; mais il s'en faut
de beaucoup qu'il en soit ainsi.

Si la façade n'est pas plus longue que
haute, elle semble l'être, et l'angle de son

pignon, étant obtus au lieu d'être aigu, donne à la silhouette de cette partie importante du monument quelque chose d'écrasé en désaccord avec son style.

De plus, les combles et les terrasses, étant invisibles de l'extérieur, ne motivent point pour l'œil la multitude de pinacles, portant chacun une statue, qui se dressent de toutes parts, tant sur les murs latéraux que sur les piles intérieures. Aussi l'ensemble est-il plus étonnant que beau.

Une pyramide centrale, façon de clocher conique, trop bas pour le monument qu'il domine, sort de tout cela sans que rien le motive. C'est un hérissement général sans raison aucune.

Le chevet, qui est la partie la plus ancienne, ainsi que la plus pure de style, appartient franchement au gothique du Nord. Il fut commencé en 1386, et celui qui en a donné le plan fut certainement un Allemand. Un Français eût d'abord établi une chapelle de la Vierge comme corollaire d'une si vaste église, puis des chapelles rayonnantes pour la relier aux transepts ; mais il eût surtout fait dominer le sanctuaire sur la galerie qui l'enveloppe et lui eût donné le jour par les fenêtres d'une clairevoie.

Au lieu de cela, on a élevé les voûtes du pourtour du chœur presque au niveau de la nef centrale, qui est aveugle, et percé d'immenses fenêtres dans le mur polygonal de ce pourtour, qui forme chevet.

C'est le moyen de supprimer les arcs-boutants extérieurs, qui sont l'une des plus grandes objections que l'on oppose au style français du moyen-âge ; mais c'est aussi

enlever une grande partie de son caractère
à l'intérieur des églises qu'on en prive, —
puisque par cela même on supprime l'éclairage direct de leur nef centrale.

Les faits semblent avoir été d'accord avec
ce que l'examen de cette abside nous fait
supposer, car on attribue à un Allemand le
dessin de cette partie de la cathédrale de
Milan, bien que les Italiens fassent ici une
querelle de noms pour prétendre que cet
Allemand n'était qu'un des leurs, membre
d'une famille de constructeurs des bords
du lac de Lugano. Mais ce n'est pas sur les
bords de son lac que celui-ci a pu trouver le
type de son édifice, et c'est une église du
quatorzième siècle d'au-delà des Alpes Re-
tiennes qui le lui a donné.

D'ailleurs, on trouve parmi les premiers
architectes, entrepreneurs ou maçons de
l'œuvre de Milan, deux Français et un
Normand, qui porte le nom probablement
italianisé de Jean Campanios.

Puis, comme les cathédrales de Strasbourg et de Fribourg étaient encore inache-
vées, les œuvres de ces deux églises
envoyèrent aussi des ouvriers pour tirer
d'affaire, fort probablement, les architectes
italiens qui semblent avoir toujours voulu
diriger la construction, et que celle des
voûtes ogivales devait singulièrement em-
barrasser.

Enfin, nous retrouvons avec plaisir dans
ce chevet, tant à l'extérieur qu'à l'intérieur,
notre architecture du Nord sans mélange, et
même dans le tympan ogival des portes des
deux sacristies, du nord et du sud, d'ex-
cellents bas-reliefs. L'un, celui du sud, fut
exécuté en 1395, par un maître de Fri-

bourg, tandis que celui du nord, bien que composé par lui, serait de la main d'un Italien, qui fut collaborateur de Giotto. En effet, on peut y reconnaître plus de simplicité dans les plis, quelque chose de moins gothique enfin.

Les trois fenêtres du chevet, qui sont immenses, sont garnies de vitraux dont plusieurs sont anciens, s'il y en a qui datent seulement d'hier.

Malheureusement, ces vitraux, au lieu de former un ensemble comme chez nous au quatorzième et au quinzième siècle, avec sujets, figures, architecture et ornements, sont divisés en 350 petits panneaux représentant chacun un sujet différent, sans ornement qui l'encadre. L'effet est des moins satisfaisants.

Il est impossible de n'être point frappé par la grandeur de l'édifice, lorsque, pénétrant par l'une des portes latérales de la façade, on aperçoit en perspective oblique les cinq nefs, presque égales en hauteur, dont les arcs et les voûtes ogives sont portées sur des piliers qui n'ont pas tout l'élancement qu'on eût pu leur donner. Les Italiens, en effet, qui ont toujours répugné à la ligne verticale, ont interrompu ces piles par un ensemble de niches à pinacles faisant saillie, de façon à briser leur ligne montante.

Je rappellerai que déjà à San-Petronio, de Bologne, les piles de la nef sont accidentées par une sorte de premier chapiteau fort élevé, et peu saillant, qui n'empêche pas la présence d'un second et vrai chapiteau sous la naissance des voûtes. Chaque peuple modifie les emprunts faits à l'étranger suivant un sentiment qui lui est propre.

De plus, on a peint sous le remplissage des voûtes sur nervures un réseau ogival qui s'enlève en couleur grise sur un fond bleu, de façon à figurer un vrai réseau de marbre ou de pierre, et d'imiter le croisement des branches d'arbres des forêts de la Germanie, qui, ainsi que le croyait Châteaubriand et son école, avait servi de type à l'architecture gothique. Malheureusement, ces peintures se lavent par les infiltrations, s'écaillent et tombent, et l'on en aperçoit facilement le mensonge.

La Renaissance a entouré d'un ambon en bronze doré chacun des piliers de l'entrée du chœur, lequel est enveloppé d'un chancel décoré de bas-reliefs séparés par des cariatides en gaine, dont la sculpture est parfois très remarquable. Sous le chœur est une crypte consacrée à saint Charles-Borromée dont le tombeau est placé en avant sous la croisée, dans une autre crypte toute revêtue d'argent et éclairée par un vaste regard grillagé du même métal : ensemble aussi riche que de mauvais goût.

Les œuvres de sculpture n'appartenant pas à la décoration du monument lui-même sont relativement peu nombreuses pour une aussi vaste église. Nous signalerons, par ordre d'époques, dans le bas-côté nord, plusieurs grandes statues d'apôtres en marbre rose, qui doivent provenir d'un monument antérieur à la fondation de la cathédrale; puis, dans le bas-côté opposé, le tombeau plaqué au mur de Marco Carelli, lequel légua sa fortune à la fabrique de l'église, qui le lui fit élever après sa

mort, en 1394. Ce monument, d'architecture gothique, est orné de statues faites
par des artistes italiens.

Enfin dans le transept sud s'élève le tombeau de Giacomo de Médicis, marquis de
Marignan, composé par Michel-Ange et
exécuté par Leone Leoni, dit l'*Aretino*,
dans le style ronflant de la seconde moitié
du seizième siècle, œuvre d'architecture et
de sculpture de bronze qui ne manque pas
d'un certain caractère.

Vis-à-vis est placé, sous prétexte de saint
Barthelemy, un écorché debout, taillé dans
le marbre, par Marco Agrate, qui a eu
soin d'avertir la postérité que ce n'était
point une œuvre de Praxitèle.

Enfin au milieu du transept opposé s'é-
lève l'arbre de la Vierge, chandelier à
sept branches, œuvre de bronze des plus
remarquables, allemande fort probablement, et du douzième siècle. Didron l'a publié jadis dans les *Annales Archéologiques*, et
un moulage en existe à l'Ecole des Beaux-
Arts.

Nous voudrions que quelqu'une de nos
églises le fît reproduire en bronze, au lieu
d'employer l'argent que leur prodiguent
souvent de trop généreux donateurs en
œuvres modernes coûteuses, sans beauté et
sans style.

Notons que le custode qui impose ses
explications aux visiteurs, s'étant fait lire
une inscription gravée sur le socle de marbre de ce candélabre, pour constater qu'il
fut donné à la cathédrale au seizième siècle,
s'obstine à le dire exécuté à la Renaissance.
Au lieu de rajeunir les choses, c'est tout

le contraire que ces messieurs font d'ordinaire.

Le trésor de la cathédrale est riche en ivoires, qui, pour la plupart, ont été moulés. Avec plusieurs diptyques du neuvième au treizième siècle, je signalerai un urceum d'ivoire, que j'ai publié jadis dans les *Annales Archéologiques*, et un calice de même matière, fait au quatorzième siècle et représentant les arts libéraux sculptés sur sa coupe sous un arcature ogivale, œuvre allemande ou française.

Parmi les pièces d'orfèvrerie, il faut noter tout d'abord une grande plaque destinée jadis à servir de couverture à un évangeliaire, en or décoré de plaques d'émail, cloisonné en or.

Bien que de fabrication byzantine, les émaux ont leurs sujets expliqués par des inscriptions latines. La Crucifixion en forme le sujet central, mais la figure de saint Ambroise et celle de saint Satire, son frère, que représentent deux des plaques, indiquent que l'œuvre a été exécutée pour Milan.

Notons aussi la célèbre *paix* en or, que l'orfèvre Ambrogio Caradosso, dont Benvenuto Cellini admirait les œuvres, exécuta pour le cardinal de Médicis, frère du marquis de Marignan, et pape sous le nom de Pie IV.

La Descente de Croix y est ciselée entre deux colonnes de lapis lazuli, sous un arc que remplissent des anges portant les instruments de la Passion autour de l'écu du cardinal.

Quant aux orfèvreries du dix-septième siècle, nous n'avons garde d'en parler.

Une autre église, bien dissemblable du Dôme, qui reçoit la visite obligée de tous les touristes, lesquels ne doivent pas comprendre toujours pourquoi on les y a fait aller, l'église Saint-Ambroise, mérite l'étude de tous les archéologues, et surtout des archéologues normands.

Voici pourquoi :

Pour les Italiens, cette église est du neuvième siècle ; je parle des savants, car, pour les autres, elle est contemporaine de saint Ambroise, et ses portes sont celles dont le sévère archevêque interdit l'entrée à Théodose.

Or, un religieux, né à Pavie, le célèbre Lanfranc était auprès de Guillaume-le-Conquérant lorsque celui-ci fonda l'église de l'Abbaye-aux-Hommes de Caen.

On voit d'ici la conséquence. Il existe une architecture lombarde dont Saint-Ambroise est le type, et les églises normandes du onzième siècle n'en sont qu'une copie, importée de toutes pièces par un moine milanais.

Cette théorie, nous avons le regret de le dire, a été mise au jour, croyons-nous, mais certainement propagée en France par un homme des plus éminents, par M. Léonce Reynaud, dans son beau *Traité d'Architecture*, et reprise par son élève et son successeur dans la chaire d'architecture de l'Ecole des Ponts et Chaussées, par M. de Dartein, dans son magnifique ouvrage sur les *Eglises de Lombardie*.

Nous ne concevons pas qu'une pareille idée ait pu germer dans l'esprit de quelqu'un qui sait voir, comparer et dessiner, car nous ne trouvons aucune analogie entre

nos églises normandes et les prétendues
églises lombardes, et, s'il faut dire ici toute
notre pensée, l'église de Saint-Ambroise,
telle que nous la voyons aujourd'hui, est de
la fin du douzième siècle, si elle n'est pas
du treizième.

D'abord, la nef centrale est voûtée sur
nervures, système éminemment français,
qui n'apparaît chez nous qu'au douzième
siècle, à Vezelay, système auquel l'Italie a
répugné sans cesse, ainsi que nous avons
eu déjà l'occasion de l'indiquer, trop souvent peut-être. Mais ici, ces voûtes ne sont
pas un accident : elles sont commandées
par leur support. Tout se tient dans la
construction de Saint-Ambroise, et l'ins-
pection de son plan seul peut faire deviner
quel en est le mode de couverture, ainsi que
cela doit être dans tout édifice homogène.

Or, les anciennes églises normandes du
onzième siècle, pas plus celles de Caen que
celles des environs de Rouen, n'étaient
pas voûtées.

La nef relativement basse de Saint-Ambroise est aveugle, n'étant éclairée que par
les bas-côtés ; des fenêtres percées au-dessus des bas-côtés et des galeries qui peuvent les surmonter éclairent les hautes
nefs normandes. Tout diffère, on le voit,
et l'on ne s'explique guère quelle influence
aurait pu exercer l'église de Milan, au cas
où elle aurait été construite sur ces édifices, qui ne lui ressemblent en rien.

Maintenant que nous avons indiqué ce
qui, à première vue, rend inadmissible
pour nous la théorie de M. Léonce Reynaud, nous devons reconnaître que l'église

de Saint-Ambroise forme un ensemble sai-
sissant, un tout des plus homogènes, depuis surtout qu'une restauration, qui nous
semble faite avec soin, a supprimé les stucs
et les enjolivements des derniers siècles,
pour ne laisser voir que la construction
primitive en brique et pierre généralement
alternées.

Un atrium précède l'église, vaste cour
entourée d'un portique à voûtes d'arêtes,
c'est-à-dire sans nervures.

Les trois arcs de ce portique, qui longent
la façade de l'église, lui servent de porche,
et sont surmontés d'un second rang de
trois arcs ouverts et d'inégale hauteur, qui
correspondent à trois fenêtres qui éclairent
la grande nef de l'église ; mais, détail singulier, tandis que le rez-de-chaussée est en
voûte d'arête, une travée même, ce nous
semble, est voûtée sur nervures, la travée
centrale du premier étage est voûtée en
berceau : détails de construction bien faits
pour dérouter l'observateur, car ils témoi-
gnent de nombreux remaniements.

L'architecture rude de cet atrium, en
brique et pierre, les chapiteaux des piles,
flanquées de colonnes engagées pour sup-
porter les archivoltes, ornés d'animaux
plus ou moins fantastiques, tout dénote
une certaine barbarie et pourrait bien être
le fait des constructeurs du neuvième siècle.

La nef centrale est formée de trois travées
carrées voûtées sur nervures, d'une quatrième travée voûtée en coupole octogone
sur pendentifs et d'une abside demi-circu-
laire. Mais chaque travée est subdivisée par
deux arcs en plein cintre, qui ne montent
que jusqu'à une certaine hauteur et sup-

portent une seconde arcature qui ouvre sur
une galerie surmontant les bas-côtés. De
cette façon, deux travées des bas-côtés et
des galeries qui les surmontent correspondent à une travée de la nef.

Ce système fut celui que l'on adopta, il
est vrai, en France dans plusieurs églises
du XIᵉ siècle, dans la nef de Jumiéges, entre
autres, qui n'était point voûtée. Lorsque
l'on commença de voûter les nefs centrales
des églises, on y suivit tout d'abord la
tradition latine des voûtages sur plan carré,
et ce ne fut que plus tard, lorsque le système
ogival se fut développé, que l'on osa voûter
sur un parallélogramme, ainsi que le sont
la plupart des églises gothiques. Mais il est
à remarquer que, dans le premier système,
la pile intermédiaire se prolonge jusqu'à la
naissance des voûtes, afin de porter une
nervure qui renforce celles qui sont indis-
pensables à la construction.

Rien de semblable à Saint-Ambroise :
preuve, selon nous, que cette église fut
voûtée lorsque l'établissement du remplissage des voûtes sur nervures était déjà une
pratique connue.

Nous répéterons que les piles qui portent les arcs doubleaux, qui sont en arc
aigu, et que les colonnes sur lesquelles reposent les arcs ogives, partent du fond et
indiquent dès la fondation le système du
voûtage. Les chapiteaux, enfin, de ces colonnes se présentent d'angle, comme les
nervures qu'ils doivent porter, suivant une
pratique constante dans les églises gothiques.

Comme les bas-côtés et les galeries sont
simplement voûtés d'arête, aucune co-

lonne n'étant nécessaire pour porter celles-
ci, on n'y en voit point, en effet.

L'histoire, parlant de voûtes qui seraient tombées sur la chaire en 1196, nous
ne serions pas étonné que cette date fût
contemporaine du voûtage général, bien
que, pour échapper aux conséquences que
nous tirons de ce fait, on prétende que la
travée seule qui recouvre la chaire date de
la fin du douzième siècle.

L'abside, en cul-de-four, date peut-être
de la construction primitive; mais les chapelles qui bordent la nef doivent être des
additions très postérieures.

Une étude comparée des bases et des
chapiteaux de la nef avec ceux de l'atrium
serait nécessaire, mais doit présenter de
grandes difficultés. Nous en voyons de caractères très dissemblables dans la nef, et
nous croyons devoir en conclure qu'on a
employé dans la reconstruction du douzième siècle des éléments de l'église déjà
agrandie au neuvième. Mais cependant il
existe dans l'église des bases à crochets qui
ne se trouvent pas dans l'atrium, ainsi que
des chapiteaux de style corinthien. Nous
croyons y reconnaître enfin une exécution
moins barbare et plus précise.

Un ciborium, c'est-à-dire un dais de
pierre porté sur quatre colonnes, recouvre
l'autel. A quelle époque remonte-t-il aussi ?
Il est possible que plusieurs de ses éléments soient anciens, mais les nervures
croisées qui supportent le remplissage de
la voûte indiquent que le douzième siècle,
pour le moins, l'a fait tel que nous le
voyons aujourd'hui, avec ses quatre arcs en
plein-cintre, ses quatre montants d'angle et

la crête qui monte le long du rampant de
ses quatre faces. Quant aux bas-reliefs qui
garnissent le tympan de chacune de ces
faces et qui représentent, l'un le Christ
donnant les clefs à saint Pierre et le livre
à saint Paul, l'autre saint Ambroise ac-
cueillant l'offrande du ciborium lui-même
que lui fait un moine, et sur chacune des
deux autres un saint debout entre deux
hommes ici, deux femmes là, inclinées devant eux : quant à ces bas-reliefs, il est
possible qu'ils prêtent à discussion. Le costume des femmes, cependant, pourrait bien
être du douzième siècle.

L'autel lui-même est une œuvre d'orfévrerie incontestablement du neuvième siècle,
qui est parvenue jusqu'à nous dans un merveilleux état de conservation.

Cet autel, étant isolé, est revêtu, sur ses
quatre faces, de plaques en or ou en argent
repoussé, encadrées par des frises d'émaux
cloisonnés en or, interrompues par des
pierres cabochons entourées de filigranes.

Les plaques, de formes variées, qui
sont d'or sur la face antérieure, représentent le Christ glorieux, au centre d'une
croix dont les quatre symboles évangéliques couvrent les branches égales. Les
douze apôtres, trois par trois, en occupent les
intervalles. Douze bas-reliefs rectangulaires, six à droite et six à gauche, représentent différentes scènes de la vie du Christ.
Sur les faces latérales, qui sont d'argent
doré par parties, une croix à branches
égales, d'émail et de pierreries, occupe le
centre d'un carré posé obliquement et divisé par des arcs en compartiments qu'occupent des anges et des saints. La face

postérieure, en argent partiellement doré,
est consacrée à saint Ambroise. Douze
bas-reliefs, correspondant à ceux de la face,
retracent sa légende. Mais la partie centrale, ornée de quatre médaillons circulaires, représente, sur deux d'entre eux,
celui qui a commandé l'œuvre et celui qui
l'a fabriquée.

L'un est DOMINVS ANGILBERTVS, offrant un
simulacre de l'autel à saint-Ambroise, qui
lui pose une couronne sur la tête; l'autre
est WOLVINI (VS) MAGIS T (ER) PHABER, qui
s'incline devant saint Ambroise, qui le coiffe
également d'une couronne.

Or, un diplôme d'Angilbert, archevêque
de Milan, daté de 835, donne cet autel à
l'église de Saint-Ambroise.

D'où était Wolvinius? Les Italiens le
prétendent romain, d'Agincourt et beaucoup d'autres le croient allemand et l'appellent Wolfrung. En tous cas, le style des
bas-reliefs repoussés sur le métal qui revêt
l'autel de Saint-Ambroise n'est point by-
santin. Il appartient à l'art occidental, auquel Charlemagne donna un si grand es-
sor.

Puisque nous nous occupons d'orfèvrerie,
signalons tout de suite, dans la sacristie,
un coffret d'argent qui sert de reliquaire
aux Saints-Innocents. Il est du quatorzième siècle, et les bas-reliefs, représentant
des scènes de la vie de la Vierge, sont dus
à des mains italiennes, bien que l'architecture des contreforts qui les séparent
soient du style gothique.

L'église Saint-Ambroise possède encore
de nombreux monuments d'art dignes d'intérêt. C'est d'abord la mosaïque de l'abside,

qui est une œuvre bysantine, moins ancienne peut-être qu'elle ne le paraît.

Le Christ glorieux en occupe le centre, entre saint Gervais et saint Protais debout à ses côtés. Deux faits de la légende de saint Ambroise qui se passent l'un dans l'église de Milan, l'autre dans celle de Tours, sont figurés sur les côtés. Les inscriptions sont tantôt grecques, tantôt latines. Au-dessus est placé le siége de marbre, ayant des lions pour accoudoirs.

Le *pulpito*, c'est-à-dire la chaire, grande cuve quadrangulaire en dalles de marbre, est portée sur trois arcades, sous lesquelles est placé un beau sarcophage chrétien du quatrième au cinquième siècle. Un bas-relief plus moderne et passablement barbare, représentant la Cène, au-dessus d'un enlacement de tiges feuillagées où se mêle un combat d'animaux d'une exécution très sèche est encastré derrière la chaire. Sur sa face est fixée une aigle de bronze dont il nous est bien difficile de préciser l'époque, mais que nous croyons du onzième au douzième siècle, ainsi que toutes les parties barbares de l'ensemble des monuments qui nous occupent.

Dans la nef se dresse une colonne qui porte un serpent de bronze rapporté de Constantinople au commencement du onzième siècle, qui est sans doute une représentation du serpent d'airain de la Bible.

Les portes, qui sont composées de panneaux de bois, passent pour être du neuvième siècle. Il est impossible de les voir sous le treillage de fer qui les protège aujourd'hui. Il est possible que quelques parties soient anciennes, mais ce que nous en avons pu découvrir à la hauteur de nos yeux est certainement moderne. La date de MDCCL, qui relate une restauration qui fut faite à ces portes, dont la piété des fidèles enlevait des fragments, est probablement celle des bas-reliefs que nous avons pu voir. Mais deux têtes de lion de bronze mordant des anneaux, en saillie sur des platines circulaires qui portent des inscriptions en lettres romaines que nous n'avons pu déchiffrer, semblent être du douzième siècle au plus tard.

Une foule d'inscriptions, de bas-reliefs, de fragments de monuments, font de l'Atrium un vrai musée de sculpture.

Bien que les églises soient nombreuses à Milan, je n'en citerai plus qu'une, celle qui possède dans ses dépendances ce qui reste de *la Cène* de Léonard de Vinci.

Tout le monde connaît cette œuvre réellement magnifique, qui vous apparaît comme voilée d'un brouillard et qu'il est impossible d'analyser. Les injures du temps et des restaurations l'ont faite telle qu'on l'aperçoit aujourd'hui, et ses charmes voilés n'en ont peut-être que plus d'attrait. Comme dans une esquisse où l'on devine les beautés qui ne sont pas encore, devant le *cenacolo* on rêve de celles qui ne sont plus.

Si les qualités d'exécution ont disparu, si l'expression des physionomies n'est plus qu'une vague ébauche, le contraste des attitudes que coordonne le savant agencement des groupes, l'harmonie de la ligne qui les enveloppe, tout cela apparaît clairement et, s'ajoutant à tout ce que l'on devine, vous laisse l'impression d'un chef-d'œuvre.

Comme il est impossible de parcourir les rues de Milan sans penser à Léonard, j'ai cherché, mais en vain, si je trouverais sur le visage des Milanaises le type des femmes aux mystérieux sourires que l'on voit en ses tableaux. Le seul être vivant où je l'ai retrouvé a été une mendiante qui m'a tendu la main dans l'atrium de Saint-Ambroise. Elle avait le profil de la vieille de l'un de ses dessins, avec son nez court et retroussé, et sa bouche largement fendue sur un menton en galoche. Aussi je l'ai aumônée de *dieci centesimi* en l'honneur de Léonard de Vinci, qui avait peut-être fait poser une de ses aïeules devant lui.

Le chevet de l'une des églises de Milan m'a vivement frappé; je ne sais plus de laquelle : de Sainte-Marie-des-Grâces peut-être, mais je n'oserais l'affirmer, bien que je sois retourné afin de le revoir, après l'avoir aperçu une première fois.

Ce qui m'y a vivement frappé, c'est l'emploi, dans une grande proportion, de la terre cuite moulée.

Cette abside est précédée d'une rotonde voûtée en coupole. Or, les moulures, les pilastres ornés de candélabres qui garnissent les arêtes de la rotonde, ou qui séparent les panneaux du chevet, ces panneaux, dont plusieurs ont pour motif un écu vide, la corniche, tout est en terre cuite d'un beau ton rosé, avec quelques parties de marbre. Tout cela est charmant et d'un excellent goût, revêtant un monument de proportions restreintes.

A notre époque, où les constructions en céramique polychrome sont dans les préoccupations du public, nous nous étonnons que ceux de nos architectes qui vont, officiellement ou non, s'instruire en Italie, ne nous aient pas encore rapporté de Milan une étude bien faite de ce monument. Cela serait plus utile que le vingtième relevé microscopique du chapiteau d'un temple romain quelconque, qui ne servira de rien.

On fait honneur à Bramante de tous les monuments de la renaissance milanaise, qui fut moins précoce que la florentine. Mais il y eut trois artistes qui portèrent ce nom et que l'on confond souvent. Il semble que ce ne fut pas celui qui, né à Urbino et ami de Raphaël, s'illustra par ses constructions de Rome, mais un certain Agostino di Bramante, dit Bramantino da Milano, fils d'un architecte-sculpteur, appelé Bramante l'Antico. C'est de Bramantino que le Bramante d'Urbin... ou de Rome, aurait reçu des leçons.

Un monument gothique assez original et tel que nous n'en connaissons point d'analogue en France, où l'on a peu pratiqué les galeries en plein air, sauf dans les cloîtres, occupe un des côtés d'une de plus anciennes places de Milan, la place des Marchands.

C'est la *Loggia degli osii*, élevée en 1316, à l'aurore du quatorzième siècle par conséquent. Sur cinq arcs en plein cintre règne une seconde galerie de cinq arcs ogives obtus, portés tous sur des piles quadrangulaires. Un balcon fait saillie en avant de l'arc central; des écus d'armoiries garnissent les bahuts qui ferment la partie inférieure des quatre autres. Enfin, un troisième rang d'arcs en ogive aiguë est établi au-dessus des trois travées centrales seules, trois arcs occupant chaque travée. Des statues les garnissent.

C'est du balcon de cette loggia qu'on publiait les actes publics.

Cet édifice, bien approprié à sa destination, puisqu'il permettait aux autorités milanaises de se mettre en communication avec la foule, tout en la dominant, est bien italien et parfaitement original dans la composition de sa façade.

En face s'élève *la Ragione*, bâtie au commencement du treizième siècle, pour servir de Bourse fort probablement, dans sa halle du rez-de-chaussée, ouverte de tous côtés, et de lieu de réunion pour les séances du conseil dans les salles du premier étage. De nombreux remaniements ont altéré le caractère de son architecture, sauf sur une partie de l'une de ses faces, décorée au premier étage d'un arc, sur lequel est plaquée une statue équestre des plus barbares, œuvre probable de quelque membre de la famille de ces constructeurs des bords du lac Lugano, des Campionesi, auxquels on attribue presque tout ce qui s'est fait à Milan avant la venue du Bramantino. Cette statue ne fait guère honneur ni à l'artiste qui l'a exécutée en plein treizième siècle, ni à celui qui l'a commandée, car elle représente Oldrado Grossi da Tressono, podestat de Milan, qui, s'il fit bâtir *la Ragione*, fit brûler, « comme il le devait », les hérétiques, ainsi que l'apprend l'inscription en lettres onciales gravée sur la plinthe de la statue : *Solium struxit et catharos ut debuit uxit.*

Le palais Bréra, qui est un ancien collége de Jésuites, et qui est plus triste que beau, renferme le musée archéologique et le musée de tableaux.

Le premier, qui est encore en voie de formation, est surtout riche en débris d'architecture et de sculpture. Plusieurs doivent remonter à une antiquité assez respectable ; mais en Italie les apparences sont trompeuses, et l'on risque, lorsqu'on n'y est pas habitué, à prendre pour des œuvres antérieures à l'an mil des choses que le douzième siècle a vu faire. Toutes ces sculptures d'ornement aux feuillages aigus sans revers, taillées en biseau, comme la décadence romaine les exécutait, pourraient bien être contemporaines de nos cathédrales que nous n'en serions pas surpris.

Par contre, il y a des œuvres qui portent leur date avec elles : telle est la statue équestre de Barnabo Visconti, seigneur de Milan pendant la seconde moitié du quatorzième siècle. On le gratifie d'une meute de 5,000 chiens, — ce qui nous semble être beaucoup, — auxquels il donnait à dévorer ses ennemis, procédé également excessif. Il est vrai que ces Visconti étaient tous d'affreux tyrans, qui ne reculèrent devant aucun crime. Celui-là avait fait ériger sa statue équestre sur le tombeau de sa femme.

Le sarcophage de marbre est porté par six pilastres et six colonnes, dont la base franchement gothique est à crochets. Des scènes de la Passion sont grossièrement sculptées sur ses faces ; c'est ce sarcophage

qui sert de piédestal au grand cheval que
Barnabo en armure a enfourché, conduit
par la Force et la Justice, figures toutes
petites, qui n'ont pas d'autre fonction que
de suppléer les jambes du cheval avec lequel elle sont solidaires, afin de donner de la
solidité à l'ensemble. Quatre petites figures
se dressent en outre aux angles de la terrasse. Tout ceci est très raide, assez barbare,
—bien que datant de 1342,—mais ne manque
pas d'une certaine grandeur à cause de sa
raideur même et de son exécution sommaire.
Si nos souvenirs sont exacts, cette figure
équestre rappelle celles qui dominent les
curieux tombeaux des Can della Scala de
Vérone. Aussi croit-on que l'auteur de celle
de Barnabo est l'un des Campionesi, Bo-
nino da Campione, qui exécuta le tombeau
de Can Signorio. En tous cas, c'était un
statuaire des plus médiocres.

Il y a loin de son œuvre à ce qui reste
du tombeau de Gaston de Foix par Agostino Busti, dit le Bambaja.

Le dessin de ce monument, qui n'a jamais été achevé, existe au musée de South-
Kensington, et ses éléments sont un peu
partout dispersés. Mais c'est le musée archéologique de Bréra qui en conserve la
partie la plus importante, qui est la statue du
neveu de Louis XII, avec quelques-unes des
figures et plusieurs des panneaux d'ornement qui devaient entrer dans sa composition. La statue funéraire est couchée,
revêtue de son armure et dans le calme de
la mort sur un lit qui devait surmonter le
sarcophage, porté sur une plate-forme sou-
tenue par huit massifs saillants décorés de
statuettes assises et debout. D'autres sta-

tues et des candélabres devaient entourer
le lit, et des bas-reliefs décorer la partie
supérieure du sarcophage qui en est forme
de cassone de mariage italien.

Le Bambaja est surtout un ornemaniste
des plus fins et d'un goût exquis. Je citerai,
comme une merveille d'exécution en marbre, l'épée qui repose couchée sur l'effigie
et sur laquelle se croisent les deux mains.
On dirait du métal ciselé.

La porte d'entrée du palais Vismara,
exécutée par Michelozzo, Michelozzi, élève
de Ghiberti, collaborateur de Donatello et
architecte du palais Strozzi à Florence,
couvre une des parois de la salle du musée. C'est une œuvre fort belle, toute
couverte de sculptures: figures et ornements.

D'autres œuvres de la Renaissance, moins
importantes, il est vrai, seraient encore à étudier dans ce musée, qui ne possède guère
de monuments mobiliers. Une vitrine
cependant renferme quelques ivoires très
remarquables, les uns consulaires, les
autres ecclésiastiques, les autres enfin civils.
Parmi ces derniers je noterai un coffret sur
lequel un imagier français a sculpté, au
quatorzième siècle, quelques épisodes du
roman de *Tristan*, qui devait être très po-
pulaire à cette époque.

Le musée de tableaux, qui est d'importance moyenne, a pour frontispice, pour
ainsi dire, une galerie toute remplie de
fresques de Bernardino Luini, qui fut l'imitateur plutôt que l'élève de Léonard. Le
charme du Vinci se dégage de ses compositions, parmi lesquelles nous nous conten-

terons de citer la *Sainte Catherine portée par des Anges*, si connue par la gravure et qui mérite de l'être.

Le musée est surtout riche en tableaux de l'école vénitienne, et je citerai parmi ceux qu'on peut appeler les primitifs deux tableaux des plus remarquables de Carlo Crivelli (1430-1495). Crivelli possède déjà la coloration claire et le sentiment du plein air que l'on retrouve avec des tonalités plus ambrées dans les œuvres des Bellini et de leurs imitateurs. Les tableaux de Brera sont, de plus, remarquables par la puissance du modelé et l'énergie ou plutôt l'intensité des expressions, bien qu'il ne s'agisse que de vierges glorieuses entourées de saints. Par une bizarrerie inconcevable chez un artiste qui savait donner tant de saillie à sa peinture, Crivelli a modelé en vrai relief les orfrois dorés du vêtement de certains personnages et même les clefs que porte saint Pierre.

Un détail matériel signale tous les tableaux de Crivelli. Ce sont des guirlandes de fruits, et surtout de poires suspendues aux portiques sous lesquels il place ses personnages.

L'un de ses tableaux de Brera est daté ainsi : M. 4° XII, qu'il faudrait lire 1482, et qu'un copiste a transformé, nous ne savons pourquoi, en M.XL.XXIII, qui ne signifie rien.

Un immense tableau représentant saint Marc, prêchant à Alexandrie, a été pour Gentile Bellini (1426-1507) l'occasion d'utiliser ses souvenirs de voyage en Orient: Orient clair et lumineux, d'ailleurs, qui enveloppe d'un air transparent les édifices et les personnages. Une ou deux Vierges attribuées avec assez de vraisemblance à Giovanni Bellini, son frère; un ou deux Cima da Conegliano, nous montrent les étapes de l'école vénitienne archaïque, tandis que des Titien, des Tintoret et des Veronèse, qui ne sont pas des meilleurs, représentent l'école affranchie.

Les Mantegna sont toujours rares, sauf au Louvre. Ici nous voyons une grisaille où ce précurseur audacieux des grands dessinateurs de la Renaissance a représenté le Christ couché et vu en raccourci, autour duquel pleurent les saintes femmes.

Brera possède encore un autre tableau de Mantegna, divisé en compartiments qui représentent le Christ ressuscitant, saint Luc et divers saints.

Le gracieux mais sec Solari, Cesare da Cesto, Marco d'Oggione représentent enfin l'école milanaise telle que Léonard de Vinci l'a créée et que Luini l'a développée, avec la fluidité de son dessin, la morbidesse de son modelé et le charme des physionomies.

Le maître n'y figure que par un dessin du Christ du *Cenacolo*, presque aussi effacé que la fresque elle-même.

Enfin, et c'est par là que nous terminons, le musée de Brera montre avec orgueil le *Sposalizio* de Raphaël, œuvre de jeunesse, où, imitateur encore du Perugin, il reproduit, dans ses dispositions, dans ses personnages et dans son architecture, le tableau de ce maître que conserve le musée de Caen. La couleur cependant nous en semble plus tendre.

Le théâtre de la Scala étant ouvert, j'en ai profité pour faire connaissance avec l'une des grandes scènes italiennes et les habitudes théâtrales de la péninsule.

A Florence, *1 Fourchambauld*, *la Coscienza* et *la Fille de Mme Ango* tenaient les affiches, et je n'avais eu aucune envie d'entendre la traduction italienne de la comédie d'Augier, de revoir le drame que j'avais déjà vu à Paris en italien et en français.

A la Scala on chantait le *Don Carlos* de Verdi.

La salle est fort grande et garnie de sept rangs de loges toutes égales et toutes sur le même plan. Aucun ornement ne rompt l'uniformité des panneaux d'appui, qui sont peints en blanc avec encadrements d'or, et un simple montant sépare les loges qui sont absolument des trous rectangulaires percés dans un mur, comme les bulins d'un colombier immense; une petite draperie rouge les décore — et c'est tout. Il y en a dix-sept de chaque côté. La loge royale, ouverte au centre, occupe la place de trois sur deux étages; au-dessous s'ouvre l'entrée du parterre qui communique librement avec le vestibule.

Pas d'avant-scènes distinctes des autres loges, partout l'uniformité la plus absolue.

Au-dessus du manteau d'Arlequin, les heures et les minutes apparaissent silencieusement sur des cartels transparents qui changent toutes les cinq minutes pour ces dernières.

Il n'y a place que pour deux spectateurs de front sur le devant de chaque loge, et l'on s'y asseoit face à face, afin de mieux

causer, et l'on cause pendant toute la représentation, sauf aux passages que l'on est
convenu d'écouter. Le spectateur des loges
qui tourne le dos à la scène se contente de
retourner la tête pendant la durée du morceau. C'est un bruit de conversations qui
s'élève dans toute la salle, assez fort souvent pour étouffer le bruit de la musique
de Verdi lui-même.

Ajoutez que le parterre est debout, presque vide, et que l'on y entre, et que l'on en
sort, que l'on s'y promène, et que l'on y
cause, en tournant le dos à la scène, absolument comme on ferait dans la galerie
Victor-Emmanuel, sauf qu'on n'y fume
pas.

Il y a bien quelques chut ! qui s'élèvent
de ci et de là, mais on ne s'en soucie guère.
On semble être venu là pour causer, tandis que des gens au fond, assis devant leurs
pupitres s'escriment sur des instruments et qu'au dessus d'eux d'autres
gens déguisés s'évertuent à tâcher de dominer le bruit par un autre bruit que règlent
les instrumentistes.

Ces derniers sont assis normalement à la
scène, se faisant face de chaque côté de
l'axe, de façon à pouvoir regarder le chef
d'orchestre qui est placé loin de la rampe,
près du public.

Un autre monsieur en habit noir occupe
la place qui lui est attribuée en France :
c'est le souffleur. Ces deux habits noirs,
qui émergent isolés du plan de la scène et
de l'orchestre font le plus singulier effet.

La mise en scène est soignée, ne manque
pas d'un certain luxe même ; mais les colo-

rations des décors sont des plus dures et
en parfait accord avec le clinquant des costumes.

Il n'y avait que la première chanteuse
qui eût du talent et l'oreille du public. Elle
s'interrompait, ainsi que cela commence à
se faire trop chez nous, pour saluer lorsqu'elle était applaudie, mais il arrivait que
le chanteur qui venait de quitter la scène
y rentrait à cette seule fin de lui donner
la main pour saluer.

Lorsque le rappel avait lieu après la
chute du rideau, on ne relevait pas celui-ci,
mais les acteurs le soulevant d'un côté,
traversaient l'avant-scène en saluant, et
sortaient de l'autre de la même façon. On
m'a assuré que deux portes étaient jadis
ouvertes dans le rideau pour plus de com-
modité.

Je noterai enfin que les figurants ne pénètrent jamais sur l'avant-scène, qui s'avance
beaucoup dans la salle. Les premiers sujets
seuls la foulent aux pieds.

La Chartreuse de Pavie.

Jean-Galéas Visconti avait sans doute
médité l'Evangile où l'on lit qu'il y a plus
de joie dans le ciel pour un pécheur qui se
repent que pour un juste qui persévère, —
ce qui semble peu équitable pour les
justes. Aussi, étant arrivé à l'heure du re-
pentir, se prit-il à fonder les deux plus magnifiques monuments du Milanais : le Dôme
de Milan en 1386 et la Chartreuse de Pavie en 1396. Ces fondations lui réussirent-
elles, et en advint-il de son âme ce qu'il
advint de son corps?

Lorsque les chartreux de Pavie voulurent le transporter dans le magnifique mausolée qu'ils lui avaient érigé dans l'église qu'il avait fondée, ils ne surent plus où le trouver. Son âme, également, s'est peut-être égarée sur le chemin du ciel ?

Quoi qu'il en soit, félicitons-nous qu'il ait commis tous les crimes dont on charge sa mémoire, puisque nous leur devons les deux monuments que nous venons de dire. Aussi bien ses victimes seraient mortes de leur belle mort s'il les eût laissées vivre, et ses monuments subsistent encore dans tout leur éclat.

Ce fut un Vénitien, Barnabo da Venezia, qui est reconnu aujourd'hui pour avoir été le premier architecte de l'église, mais on n'aperçoit guère de traces du gothique dans ce monument, presque tout couvert de placages de marbres d'époque postérieure aujourd'hui.

La façade, qui n'annonce guère une église, est une merveille de richesse. Depuis le sol jusqu'au niveau du premier étage, c'est une profusion inimaginable de sculptures de tous genres : ornement et figure.

Le soubassement lui-même est décoré d'une suite de grands médaillons représentant des profils de personnages grecs ou romains, qui n'ont aucun rapport, il est vrai, avec une église. Au-dessus s'étend une série de bas-reliefs qui montrent des scènes de l'Evangile, remarquables par la profusion et la finesse des détails. Je citerai, dans celui qui représente l'*Annonciation*, des figurines décorant certaines parties du mobilier, qui sont d'une précision des plus remarquables, malgré leur exiguité. Puis, en dehors des bas-reliefs, les membres de l'architecture, les panneaux d'encadrement, les écoinsons et les moulures sont couverts d'une profusion de motifs d'ornement et de figurines, qui font de cette frise une œuvre d'une richesse incomparable.

On affirme que le Bambaja, l'auteur du tombeau de Gaston de Foix, a travaillé à cette façade, et nous n'en sommes pas étonné.

Deux fenêtres carrées s'ouvrent de chaque côté de la porte centrale, séparées par des pilastres ornés de statues. Ces fenêtres sont divisées par un meneau central en forme de candélabre, d'une richesse de détails mouïe, qui porte deux arcs, dont les deux autres retombés sont soutenues par deux demi-candélabres accolés aux montants. Il y a quelque chose d'analogue contre les piles des arcades de la galerie de l'hôtel du Bourgtheroulde de Rouen, mais dans de moindres proportions et avec moins de luxe dans la matière. Quand l'architecte de l'hôtel bâti à Rouen aurait vu la façade de la Chartreuse de Pavie, nous n'en serions nullement étonné.

L'ébrasement de la porte centrale, formant une sorte de porche précédé par deux colonnes de chaque côté, est également tout revêtu de bas-reliefs d'une extrême finesse, représentant la fondation de la Chartreuse, les obsèques supposées du fondateur, des scènes d'hagiographie relatives aux Chartreux, etc. C'est tout un monde de figures.

Une galerie règne au-dessus de cet ensemble, puis un second étage percé d'une

rose au centre entre deux fenêtres gémi-
nées, surmonte la partie centrale seule,
c'est-à-dire la porte et les deux fenêtres
qui la flanquent. Une seconde galerie termine par une ligne horizontale cette façade,
qui est revêtue de placages de marbre à
partir du niveau de la première.

On est assez incertain sur l'auteur de
cette œuvre, qui ne fut exécutée qu'à la
fin du quinzième siècle, à partir de 1473,
suivant les uns, et sur les dessins d'un An-
tomo Fossani, dit le Borgognone, qu'il ne
faudrait pas confondre avec le peintre Ambrogio Borgognone, qui a surtout travaillé
à la Chartreuse; à partir seulement de 1491,
et sur les dessins du sculpteur Omodeo,
suivant d'autres, qui citent à l'appui un
compte de dépenses relatif à un modèle
fourni par lui. Peut-être y eut-il deux projets successifs, car la direction de la bâtisse
de ce monument, qui dura longtemps,
semble avoir été souvent disputée et avoir
passé par des mains très diverses.

Parmi les nombreux sculpteurs qui ont
travaillé à cette façade, il y en a d'une physionomie bien particulière. L'un ou plutôt
les uns sont Cristoforo et Antonio Mantegazza, fils d'un orfèvre; l'autre est Gio-
vanni-Antonio Omodeo, né près de la
Chartreuse, et formé sans doute dans son
atelier.

Ils me semblent tous trois procéder de
Donatello, tant par l'énergie des expressions, par le tranchant des contours dans
leurs bas-reliefs, dont le modelé est très
plat, que par un certain chiffonné des plis,
raides et cassants, que nous avons remarqué
dans les bas-reliefs provenant de la tribune

de l'orgue de Sainte-Marie-des-Grâces de Florence, et conservées au Bargello.

Ce chiffonné, qui est considérablement exagéré dans les bas-reliefs de Mantegazza, et qui fait ressembler les draperies à du papier ou même à du clinquant froissé, s'applique en outre sur des figures longues et maigres.

On a cru voir une influence flamande dans cette manière. Nous ne pouvons partager cette opinion. Les plis chez les Flamands, peintres ou sculpteurs, sont toujours motivés, quelle que soit leur exagération, car ils varient suivant la nature du tissu figuré, tandis qu'il n'en est pas de même pour ceux des sculpteurs de la Chartreuse. On les dirait collés au corps, et cependant ils ne rappellent en rien les draperies mouillées des Grecs. En résumé, ce sont des sculpteurs d'une allure assez extravagante, bien qu'ils ne manquent pas de talent.

L'intérieur de l'église ne le cède guère par le luxe à l'extérieur, bien qu'il y soit d'une autre nature et que les revêtements de marbre et la peinture y dominent; ils y dominent tellement, qu'ils font oublier la construction. qui appartient à un gothique très mitigé.

L'église est à trois nefs, avec transepts, ceux-ci et le chevet étant terminés en plan par trois lobes à redans, ainsi que sont souvent les croix du quatorzième siècle. De puissantes piles extérieures, surmontées de hauts pinacles, butent contre les angles de la construction et même contre les murs séparatifs des chapelles qui bordent la nef, et qui, suivant une mode italienne, communiquent entre elles. Cette communication était-elle dans le plan primitif, ou provient-elle d'un remaniement postérieur au quinzième siècle? Ce serait un point à étudier, car nous voyons cette disposition adoptée dans les églises du dix-septième siècle, surtout quand elles sont à une seule nef, il est vrai.

Une coupole octogone couvre la croisée.

La Chartreuse, qui était abandonnée lorsque nous l'avons visitée jadis, est réoccupée aujourd'hui par les disciples de saint Bruno, et un frère convers, arpentant à grands pas les transepts, derrière la belle grille qui les ferme, battait la semelle afin de se réchauffer, attendant les visiteurs.

Ils sont rares en cette saison, et j'étais le seul qu'eût amené le chemin de fer, dont la station est assez éloignée du couvent, et qui eût bravé une course par la neige fondante et le verglas, de telle sorte que j'eus la chance de ne point être embrigadé dans un groupe qui ne m'eût point laissé le loisir de m'arrêter à ma guise.

Je n'énumérerai point les richesses des chapelles et du chœur, me contentant de signaler les peintures d'Ambrogio Fossano, le Borgognone, qui sont assez rares dans les musées, bien que celui du Louvre en ait acquis, depuis plusieurs années, un échantillon qui donne une idée assez exacte de sa manière.

Cet Ambrogio Borgognone, qui paraît ne pas devoir être confondu avec l'architecte de la façade, est un contemporain de Léonard et nous semble avoir subi jusqu'à un certain point son influence. Ses types, sans être léonardesques, ne manquent pas de grâce, et ses figures, sans avoir l'ampleur et la liberté de l'époque suivante, sont d'un dessin plus souple que les œuvres contemporaines.

Quant au ton de ses carnations, il est d'un gris particulier, bien reconnaissable, et qui est comme un souvenir du *sfumato* du maître.

La Crucifixion, qu'il a signée et datée de 1490, et *le Saint-Cyr*, évêque de Pavie, accompagné de plusieurs saints, sont des œuvres très remarquables.

Le Borgognone a encore fourni les dessins des marqueteries qui décorent le dossier des stalles du chœur, et qui représentent des saints, chef-d'œuvre d'*intarsiatura* si l'on veut, mais auquel nous préférons les simples ornements composés de rinceaux très légers, sur noir blanc ou blanc sur noir, qui courent sur les œuvres vives de ces stalles d'une grande richesse.

Le maître-autel, qui est du dix-septième siècle, est, ainsi que tout ce qui appartient à cette église, un merveilleux assemblage des matières les plus précieuses travaillées avec le soin le plus grand ; mais il a le malheur, ainsi que la plupart des choses qu'on y signale, d'appartenir à son époque.

Les bronzes qui consistent en candélabres et en pyramides, qui se dressent sur les balustrades qui closent le sanctuaire, aussi bien que les extrémités des transepts, dus à Annibal Fontana, artiste milanais du seizième siècle, se recommandent par un goût un peu plus pur.

Les vitraux peints de la fin du quinzième siècle garnissent un certain nombre de fenêtres. Plusieurs sont attribués à un cer-

tain Christoforo de Motis, et tous sont exclusivement à sujets sans ornements,
comme la plupart des vitraux italiens.

Sans avoir en Italie l'importance des
autres arts décoratifs, la verrerie y tient
cependant une certaine place à partir du
quatorzième siècle, et mériterait une étude
que ceux-là seuls peuvent faire qui, avec
les monuments sous les yeux, peuvent étudier les documents conservés dans les
archives.

Comme le moyen-âge, la première
Renaissance, accusant franchement les
besoins de la construction qu'elle élevait,
apportait une agréable variété dans ses monuments et en tirait parfois un nouvel élément de beauté. Ainsi ayant à établir un
puits dans leur église pour les différents
besoins du service, les architectes de la
Chartreuse n'ont point songé à le dissi-
muler; car s'ils l'ont placé dans une annexe, celle-ci communique avec le transept
par une balustrade à claire-voie qui en
laisse apercevoir tous les détails. La mar-
gelle du puits, les piles qui supportent sa
poulie, le bassin en forme de barque, qui
reçoit les eaux, et, à côté, le réservoir du
lavabo, que surmonte, entre deux dau-
phins, un buste que l'on dit être celui de
l'artiste qui a exécuté tout cela; la claire-
voie elle-même, le tout en marbre blanc,
est décoré de sculptures d'ornement, de
figures et de bas-reliefs d'un grand goût.

A côté s'élève le tombeau vide de Jean-
Galéas Visconti, tombeau qui rappelle
quelque peu celui de François Iᵉʳ à Saint-
Denis. L'urne sur laquelle est couchée l'effigie du mort est placée sous un édicule

rectangulaire porté par des arcades : deux de chaque côté et une à chaque extrémité. Un second ordre surmonte la corniche, orné de niches et de panneaux séparés par des pilastres, qui portent des figures et des candélabres qui servent de couronnement. La conque de la niche centrale de chaque face outrepasse la corniche et porte, soutenu par deux figures, l'écu si connu des Visconti. L'exécution de ce monument, signé CHRISTOPHORUS ROMANUS FACIEBAT, ne répond pas dans toutes ses parties à sa conception.

Dans le transept opposé, on voit les deux statues couchées de Louis Sforza et de Béatrix d'Este, sa femme, restes d'un monument qui leur avait été érigé dans l'église de Sainte-Marie-des-Grâces à Milan.

Nous les citons parce qu'elles sont dues à un sculpteur qui eut quelque réputation en son temps, à Cristoforo Solari del Gobbo, mais qui nous paraît ne l'avoir guère méritée, à en juger par ces deux effigies, qui ne sont guère remarquables autrement qu'au point de vue du costume.

Les bâtiments claustraux sont placés au sud de l'église, et l'on y accède par une porte percée dans le transept et décorée de sculptures par Antoine Omadeo, qui l'a ainsi signée : JOHANNES ANTONIUS DE MADEO FECIT HOC OPVS. Une Vierge tenant l'enfant Jésus entre saint Jean-Baptiste et un évêque, au-dessus de Chartreux agenouillés, bas-relief qui en occupe le tympan au milieu d'une grande abondance d'ornements, est en somme une œuvre médiocre quant aux figures.

Si le marbre revêt la façade et presque
tout l'intérieur de l'église, ici nous sommes
dans le domaine de la terre cuite. Sauf les
colonnes avec leurs bases et leurs chapiteaux
de marbre qui supportent les arcs de la
galerie qui pourtourne le cloître, tout est
en brique moulée, la maçonnerie comme les
ornements, qui consistent en moulures, en
rosaces, en modillons et même en figures.
Jusqu'à un grand bas-relief dominant un
lavabo qui représente les Apôtres venant rejoindre le Christ, qui est assis près du puits
où il a rencontré la Samaritaine, tout est en
terre cuite.

De l'angle du cloître on aperçoit le bas
côté de l'église et son transept sud avec ses
fenêtres et ses galeries à colonnes qui
pourtournent les murs au-dessous des cor-
niches, puis, à leur intersection, l'enveloppe
octogone de la coupole, formée de galeries
à jour en retraite les unes sur les autres et
superposées, que surmonte une lanterne à
jour qui domine les hauts pinacles également
à jour des contreforts du chevet et
des transepts.

Les matériaux sont un peu rudes, mais
l'ensemble est élégant et rappelle de loin
certaines églises romanes des bords du
Rhin, celles de Cologne surtout.

Du petit cloître on passe dans le grand,
qui a un peu plus de cent mètres de long
sur ses deux petits côtés.

Des murs en terre cuite moulée d'ornements et de figures surmontent également
les arcs de la galerie. Au-dessus du toit
on aperçoit les combles de 24 petites maisons toutes semblables, demeures des disciples de saint Bruno, qui vivent là isolés.

Chaque maisonnette s'ouvre sur la galerie, avec laquelle elle communique en outre par une ouverture destinée au passage des aliments, à ce que je suppose.

Elle se compose de deux pièces au rez-de-chaussée et d'une chambre au premier étage; un petit jardin avec son puits l'entoure. Il est clos de murs qui l'isolent complétement des jardins contigus.

Cette retraite est charmante, et la vie herémitique doit s'y combiner à merveille avec la vie cénobitique.

La culture intellectuelle avec la culture des fleurs, l'isolement interrompu par la vie en commun, que peut désirer de mieux un moine? Si j'endosse jamais le froc, ce dont je doute, ce sera celui des Chartreux, mais des Chartreux de Pavie. Leur maisonnette et leur jardin m'ont séduit, ainsi que tout l'art jeté à profusion dans leur cloître et dans leur église. Joignez-y que Jean Galéas Visconti leur a taillé un magnifique domaine dans une vallée fertile, où alternent les cultures et les prairies, et qu'une rivière qui alimente où reçoit les irrigations entoure le haut mur qui enclôt le parc où s'élèvent l'abbaye et ses vastes dépendances, parc qui valut à François Ier d'être fait prisonnier après la bataille de Pavie.

Mais si je me fais jamais Chartreux, tout cela me sera bien indifférent.

Monza.

Il y avait longtemps que je désirais visiter la cathédrale de Monza, dont le trésor est d'une certaine importance pour l'his-

toire de l'orfévrerie dans les hautes époques du Moyen-Age.

Je me figurais la vieille basilique fondée
à la fin du sixième siècle, par la reine des
Lombards Théodelinde, en l'honneur de
saint Jean-Baptiste, comme un monument des premiers temps, vénérable autant par son antiquité que par le souvenir
des souverains qui l'ont visitée. Ce n'est
qu'un monument du quatorzième siècle,
affreusement modernisé, qui n'a conservé
d'ancien que sa façade plaquée de marbres
blancs et noirs, et précédée d'un porche.

Malheureusement, un service funèbre a
fait voiler de draperies noires le porche et
la chaire, qui sont l'œuvre de l'un des
Campionesi, dont nous avons eu à nous
occuper à Milan; de Matteo da Campione,
qui, en 1396, fut enterré dans la cathédrale même qu'il avait achevée, et qui conserve sa plaque mortuaire.

Je noterai seulement les peintures du
quatorzième siècle, à demi effacées, d'une
abside voisine de la salle du Trésor. Une
des scènes les plus visibles représente des
orfévres dans leur atelier. Il ne s'agit pas
de saint Eloi, à ce qu'il m'a semblé, et je
ne saurais à quelle légende rapporter cette
représentation, qui a trait peut-être à la
reine Théodelinde, qui a enrichi l'église de
pièces d'orfévrerie, dont plusieurs existent
encore, peut-être.

De l'orfévrerie du sixième siècle doit
être, en effet, rare à rencontrer, et plus
difficile à reconnaître, si on la rencontre.
En tous cas, elle doit être de caractère
grec.

Les pièces qui passent pour avoir été

données par la reine des Lombards sont
d'ailleurs exclusivement décorées de pierres
cabochons, dont plusieurs sont des camées
et des intailles antiques.

Telle est la reliure d'or d'un évangéliaire.
Une grande croix décorée de pierres cabochons et bordée, ainsi que plusieurs d'entre
elles, de tables de grenat serties d'or, coupe
le fond uni d'une feuille d'or bordée d'une
mosaïque de tables de grenat, comme sont
les bijoux francs. Un ornement en forme d'L,
appelé *Gamma*, accompagné d'un camée
antique est placé dans l'intervalle de chaque
bras de la croix, avec des bandes d'or qui
portent l'inscription gravée en belles lettres
romaines jadis émaillées.

DE DONIS DI OFFERIT THEODELENDA
REG. GLORIOSISSEMA SCO IOHANNI
BAPT.

IN BASILICA QVAM IPSA FVND IN
MODICIA PROPEPAL SVVM.

Grégoire-le-Grand aurait donné cette reliure à la reine de Lombardie suivant certains textes que l'on cite.

Telle est encore la croix que portaient les
rois d'Italie, lors de leur couronnement.
Toute couverte de grenats, de perles,
d'émeraudes et de jacinthes qui entourent
un gros saphir, elle porte suspendue une
améthiste sur laquelle Diane est figurée.

Telle est encore une couronne d'orfévrerie au centre de laquelle pend une croix
ornée de pendeloques d'or. Bien qu'elle
passe pour avoir été celle de Théodelinde,
nous la croyons exclusivement ecclésiastique, ainsi que sont celles des rois goths
conservées au musée de Cluny. Ses chaînes
de suspension et la croix qui l'accompagne

en sont une preuve. D'ailleurs, son cercle est d'un seul morceau et absolument circulaire.

Les textes et les monuments figurés sont nombreux pour nous renseigner sur la fréquence des dons de couronnes aux églises et sur l'usage où l'on était de les suspendre sur les autels ou autour des sanctuaires.

La figure humaine intervient dans les pièces suivantes : Une sorte de boîte plate, rétrécie latéralement au sommet, suivant peux lignes courbes, portant sur sa crête deux petits lions d'or affrontés. Sa face principale est bien décorée de pierres cabochons formant des dessins symétriques, mais une gravure au pointillé représente la crucifixion sur le revers.

La petite croix d'or que les évêques portaient en couronnant les rois, et qui en renferme une autre est gravée de la *Crucifixion* par un artist egrec, et enfin deux petites plaques d'or ovales représentant la même scène : travail grec protégé par un cristal de roche.

Dans ces représentations, le Christ est vêtu du long colobium descendant jusqu'aux pieds.

Un peigne dont le dos est garni de pierres et de filigranes est également, à notre avis, un peigne ecclésiastique. Presque tous les inventaires des églises en mentionnent et quelques trésors en possèdent encore. Ils servaient pour l'ordination des prêtres, mais aussi aux évêques avant de dire la messe.

Un flabellum, éventail ecclésiastique qui servait à éloigner les mouches du calice pendant la consécration, ainsi que le spécifient des vers inscrits sur celui que M. Carrand avait exposé en 1867, est aussi attribué à Théodelinde.

Sa feuille, en parchemin, qui montre à peine quelques traces de peintures d'ornement, se développe de façon à faire un cercle parfait, une cocarde à plis rayonnants à l'extrémité d'un manche d'orfévrerie décorée par le moyen du repoussé de feuillages simétriques de style oriental.

Une petite coupe, montée en or, au quatorzième siècle pour former un calice, qui passe pour être de s ph r, n'est qu'en verre bleu antique.

A côté de l'évangéliaire, que nous avons noté plus haut, il faut placer un sacramentaire, qui est du dixième siècle, et qui aurait été donné par le roi d'Italie Béranger, rival d'Othon, qui, par sa femme, la grecque Théophanie, fut un des restaurateurs de l'art en Occident, retombé dans la barbarie sous les successeurs de Charlemagne. Sa reliure se compose de plaques d'ivoire percé à jour et sculpté d'animaux au milieu d'entrelacs symétriques qui se détachent sur une feuille d'or, qui sert de fond, œuvre grecque d'une époque où le règne des Iconoclastes avait fait abandonner la représentation de la figure humaine.

Mais trois diptyques nous montrent comment Grecs et Romains des premiers siècles du christianisme taillaient l'ivoire.

Le premier et le plus beau représente un poëte sur un feuillet, une muse sur l'autre. Le poëte est gras et chauve, et doit être un portrait; l'exécution en est souple et large sans être excellente.

Le second, qui est également remarquable, représente d'un côté un personnage romain, debout, vêtu d'une tunique et d'un manteau agrafé sur l'épaule, appuyé de la droite sur une lance, de la gauche sur un bouclier ovale ; de l'autre, une matrone, vêtue d'une longue robe à ceinture, un pallium sur l'épaule, tient une fleur d'une main et un mouchoir de l'autre. Près d'elle se tient debout un jeune enfant vêtu comme l'autre personnage.

Les Lombards à outrance ont voulu voir dans ces personnages le roi Agilulfe, Théodelinde, sa femme, et Adoloalde, leur fils. Mais cette œuvre est d'un art bien parfait pour être du sixième siècle ; aussi croit-on qu'il s'agit de Sextus-Anicius Probus, d'Anicia Proba, sa femme, et du jeune Amicius Probus, élevé à la questure par les empereurs Arcadius et Honorius. Ce serait un ivoire de la fin du quatrième siècle ; enfin d'autres y croient voir Galla Placidia avec Valentinien III, son fils, et Accius, ce qui fait une œuvre du cinquième siècle.

Enfin, un troisième diptyque rentre dans la catégorie de ceux dits consulaires.

Sur l'une et l'autre feuilles, le consul, la *mappa circensis* en main, est représenté présidant aux jeux du cirque. Malheureusement, le nom du consul a été remplacé par une inscription religieuse palimpseste

Notons, pour en finir avec le trésor, un plateau sur lequel sont posés une poule et ses poussins en vermeil repoussé, mais d'un travail si barbare, que nous ne saurions lui attribuer d'époque précise, et un beau calice italien, orné d'émaux, du quatorzième siècle ; une statuette de saint Jean-Baptiste en argent repoussé, œuvre assez rude de la même époque.

Le reste appartient à une époque de décadence moderne, d'où l'art est trop exclu pour que nous nous en occupions.

La couronne de fer est aussi conservée à Monza, mais, étant considérée comme relique, elle est placée en dehors du trésor, derrière le rétable de l'autel du Saint-Clou. C'est un des clous, en effet, dont le Christ a été fixé sur la croix qui passe pour avoir été forgé en l'anneau qui constitue cette couronne. Elle est dissimulée sous une autre, qui est beaucoup plus précieuse au point de vue de l'art.

Celle-ci est formée de six plaques d'or articulées les unes avec les autres, de telle sorte que, pouvant se prêter à la forme de la tête, elles montrent que cette couronne a dû être portée et n'est point un ornement ecclésiastique, comme l'autre qui est conservée dans le trésor.

De plus des tenons d'or semblent destinés à maintenir une garniture intérieure en étoffe.

Chaque plaque porte au centre une pierre cabochon, placée entre quatre rosaces d'or ; un émail cloisonné en or couvre les écoinçons dans l'intervalle des rosaces. Le dessin en est oriental et se détache en blanc sur un fond vert. Un grainetis sert de bordure.

Cette relique ou plutôt ce reliquaire n'apparaît, au sacre des empereurs d'Allemagne et rois d'Italie, qu'au commencement du quatorzième siècle, mais il est de date beaucoup plus ancienne. Sans que nous puissions la préciser, nous la croyons de l'époque carolingienne.

La ville de Monza est assez banale, et en dehors de sa cathédrale nous ne trouvons à y signaler que sa halle portée sur piliers.

Le château royal, dont la façade basse s'aperçoit par dessus un saut-de-loup, à l'extrémité d'un tapis-vert bordé par deux allées d'arbres, n'a rien de remarquable. C'est une grande résidence, d'aspect fort modeste, qui n'a d'importance que par son parc, qui est immense, et par les chasses qui l'entourent.

Une affreuse statue en pied de Victor-Emmanuel, casqué, se dresse à l'entrée du tapis-vert.

Gênes.

Nous quittons le soir Milan tout entouré de neige et tout enveloppé de brumes, et nous arrivons à Gênes pendant la nuit. Le lendemain matin, je me promène sous un ciel bleu et je rencontre au milieu de la ville un jardin tout vert, dont un immense oranger chargé de fruits occupe le centre. En une soirée, nous sommes passés de l'hiver à l'été, du climat du nord à celui du midi, de l'Europe en Afrique.

Ce sont les plantes d'Afrique, en effet, qui poussent dans le square que l'on a planté sur les déclivités de l'enceinte de montagnes qu'escaladent peu à peu les maisons de Gênes. Les palmiers, les dattiers, les agaves, etc., toutes les plantes enfin qui ornent nos serres ou que protègent en hiver nos orangeries poussent là en pleine terre.

Après être sorti du réseau de rues étroites et tortueuses, encombrées de monde,
bordées de magasins, où l'on débite aux
étrangers de menus bijoux en filigrane d'argent, qui monte de la marine, c'est-à-dire
du port, vers les quartiers plus aérés et
plus aristocratiques, comme j'ai peu de
temps à moi, j'abandonne mes habitudes
de pérégrination pédestre à la découverte, je
saute dans une voiture ouverte, et je me fais
conduire sur les hauteurs, afin de jouir du
panorama de la ville. Je suis un boulevard
Victor-Emmanuel que l'on achève d'em-
pierrer, pour tomber dans un boulevard
Cavour ou Solferino que l'on ébanche, et de
cette future promenade, tracée au milieu des
déblais et des maisons effondrées, je domine
la ville qui forme comme la base des
gradins de l'amphithéâtre immense de la
montagne qui l'enveloppe. Le port en occupe le centre, fermé par deux môles à
l'extrémité desquels s'élèvent deux phares.
La mer bleue s'étend au-delà jusqu'à l'ho-
rizon. Les longs-courriers, à la voilure carrée, et les felouques à voiles latines la
sillonnent. Des villas avec leur enclos d'où
émergent les cyprès étendent leur tache
blanche et noire sur les flancs des montagnes que couronne la neige. Dans le bas,
les combles des monuments, les dômes des
églises dominent le toit des maisons couvertes de tuiles.

Tout cela noyé dans l'air transparent d'une
belle matinée, sous un ciel bleu.

En rentrant dans la ville, mon cocher
m'arrête à la porte d'une église et m'engage
vivement à l'aller visiter. — C'est la plus belle
de Gênes, me dit-il. Et en effet cette église,

dont j'ignore le nom, est d'une richesse de marbres, de sculptures, de dorures et de peintures imaginable. Le dix-septième siècle y a déployé tout son luxe exubérant, et dans son assez vaste ensemble aucun détail n'est négligé. Depuis la porte jusqu'à l'abside, tout se tient, et cette unité dans le magnifique n'est pas sans produire une certaine impression, quand il n'y aurait que celle de l'effort accompli.

L'église visitée, mon automédon crut devoir entreprendre la tournée ordinaire des touristes, et me conduire de palais en palais, dont les propriétaires, aujourd'hui besoigneux, quittent les salons à mesure que les étrangers y pénètrent afin d'en admirer l'ameublement et les peintures. J'ai vu cela jadis et je ne suis pas en Italie pour y contempler des portraits de Van Dyck, fussent-ils des plus beaux, et les peintures de Luca Cambiaso et autres Génois de la décadence. D'ailleurs, j'ai d'autres idées en tête : depuis longtemps j'ai entendu parler d'un certain *Sacro Catino*, conservé dans la cathédrale et je désire savoir ce qu'est ce vase, qui passe pour avoir servi à la Cène.

J'arrive devant le portail de la cathédrale, qui se dresse au sommet d'un perron de plusieurs marches qui domine une place d'une certaine étendue; je reconnais ses assises de marbre blanc et noir alternées, qui étaient restées dans mes souvenirs. Mais qu'on juge de mon étonnement de découvrir peu à peu une œuvre française du treizième siècle sous cette livrée italienne! Je dis française, et M. Bœswilwald, inspecteur général des monuments histo-

riques, qui a vu cette façade presque en
même temps que moi, me dit rouennaise.
Il trouve, en effet, quelque analogie entre
certains détails de l'ornement de l'ébrasement des portes de Saint-Laurent de Gênes
avec ceux des deux portes latérales de la
façade de la cathédrale de Rouen. Ces détails m'avaient aussi frappé par leur analogie avec les sortes de cannelures creusées
sur les voussoirs de la porte de saint Jean-
Baptiste à Rouen, mais je n'aurais osé
aller aussi loin que lui.

Les trois portes de la cathédrale de Gênes
sont donc à linteau supporté par des corbeaux, à tympan ogival, au fond d'un ébrasement formé par des colonnes portant des
arcs aigus.

La sculpture des médaillons remplis de
feuillages et des frises de feuilles entablées
qui ornent le soubassement des colonnes,
les bases aux moulures profondément fouil-
lées de celles-ci, leurs chapiteaux et leurs
abaques sculptés, les feuillages qui couvrent les corbeaux de soutènement du
linteau, les moulures des arcs, tout cela
est français et essentiellement français du
treizième siècle, et même de l'Ile-de-France,
tant par la forme que par l'exécution.

De plus, le montant droit de la porte
centrale est sculpté d'un arbre de Jessé,
compris dans le style éminemment décoratif de nos vitraux du treizième siècle.

Sur le montant de gauche font pendant
plusieurs des premières scènes de l'Evangile : l'Annonciation, la Visitation, où la
Vierge et Elisabeth sont représentées dans
un état de grossesse très accentué; la
Crèche, l'Adoration des Rois, la Présenta-

11

tion au Temple, le Massacre des Innocents
et la Fuite en Egypte.

Quant au tympan de la porte centrale, il
est occupé, suivant un usage presque con-
stant, par le Christ assis dans sa gloire
entre les quatre symboles évangéliques.
D'ordinaire, il préside au Jugement dernier;
à Gênes, il assiste au martyre de saint Lau-
rent, patron de l'église.

Enfin, dernier détail, contre l'angle sud
de la façade, un lion couché porte sur son
dos un dé cubique qui sert de socle à une
colonne sur le chapiteau de laquelle un
ange se tient debout portant un gnomon
comme à Chartres, ce me semble, et comme
à Amiens certainement. Un dais abrite la
tête de l'ange. Ce dais est dans le style
gothique du douzième au treizième siècle.
Sur le socle de la colonne, un Samson
combattant le lion, des animaux, un dragon, sont sculptés par une main certainement du Nord.

Ainsi une colonie de maîtres de pierre
français est certainement venue à Gênes,
par Marseille fort probablement, et y a bâti
et décoré la façade de la cathédrale de
Gênes, après avoir achevé peut-être le portail de la cathédrale de Rouen, comme une
autre est allée à la cathédrale de Lyon,
après avoir achevé le portail des Libraires.

Ce serait aux érudits génois de trouver
aujourd'hui dans les archives de leur ville
la confirmation de ce fait, qui nous paraît
évident.

Cette façade est tellement une importa-
tion, qu'elle est un placage sur une nef
d'époque antérieure et d'un style absolument différent. Une porte latérale, voisine

de l'ange dont je viens de parler, forme le plus accentué contraste avec celles du portail, bien que le principe de la construction soit le même.

Cette porte, qui est romane avec ébrasement à colonnes, s'avance en un avant-corps qui porte une sorte d'édicule formé de deux colonnes sous un plein-cintre contrebuté par deux demi-arcs portés par deux colonnes plus courtes, sous le gable d'un toit : ensemble très élégant, mais d'une ornementation tout antique. Les bases sont attiques et les chapiteaux d'une sorte de composite où la feuille d'acanthe corinthienne se combine avec la volute ionique. Des monstres, des sirènes, d'un style lourd et d'une exécution molle, décorent les membres de l'architecture.

La porte également romane, mais très simple, percée dans le mur latéral opposé, présente un détail singulier. La pierre de l'un de ses montants a été sculptée, au treizième siècle, par l'un des imagiers employés à la façade, d'un bas-relief représentant une Annonciation, ce nous semble.

La nef présente seule un caractère ancien, mais indique des constructeurs bien timides. Elle est séparée des bas côtés par des arcades ogives supportant un second rang d'arcs en plein-cintre, qui monte sous le toit qu'il soutient.

Après cette longue station devant les évidentes manifestations de notre art national, j'arrive au *Sacro Catino* ; mais je ne puis le voir encore. Il est bien conservé dans une annexe de la cathédrale, mais il appartient à la ville, et c'est au *municipio* qu'il faut aller s'adresser.

Ceci me donne l'occasion de m'orienter
dans le réseau entremêlé des rues étroites
et tortueuses qui entourent la cathédrale,
et j'ai pour le faire la pente des ruisseaux,
qui suivant celle du terrain, débouchent
des ruelles secondaires dans les artères
principales et doivent me conduire à quelque place. J'arrive ainsi en grimpant dans
la rue horizontale où sont bâtis les palais :
les palais de marbre, comme on dit, et
celui qu'occupe le *municipio*. J'en redes-
cends avec un valet de ville, porteur de la
clef bienheureuse, qui m'ouvre l'armoire
où est conservé le précieux bassin.

Jadis, on le croyait taillé dans une éme-
raude, qui eût été de belles dimensions,
car il mesure trente-cinq centimètres de
diamètre environ. Aujourd'hui, il est reconnu qu'il n'est que de verre. Il est cependant un bel échantillon de l'industrie antique.

C'est un bassin peu profond, à six pans
taillés dans un morceau de verre très
épais, à en juger par ce qui lui reste encore
d'épaisseur aujourd'hui. Deux petites anses
carrées ont été réservées au-dessous de deux
pans opposés, ainsi qu'un pied fort bas,
également hexagone. Son fond est décoré
de deux anneaux concentriques, dont l'intervalle est garni de petits disques, le tout
entouré par une étoile à six pointes réunies
par des courbes rentrantes.

Aujourd'hui, le *sacro catino* est brisé en
plusieurs fragments que maintient une
armature d'argent.

Des orfèvreries religieuses, qui appartiennent à la ville et qui sont du dix-

septième ou du dix-huitième siècle, ne méritent pas qu'on s'en occupe.

La grande curiosité de la cathédrale de Gênes est la chapelle de saint Jean-Baptiste, magnifiquement ornée, pour conserver une châsse d'argent qui contient ses reliques, châsse du premier tiers du quinzième siècle, que nous n'avons pu voir, enfermée qu'elle est sous un édicule de marbre qui occupe le centre de la chapelle.

Les artistes les plus célèbres de la fin du quinzième siècle y ont travaillé. L'un de ceux formés dans les ateliers de la Chartreuse de Pavie, Giacomo della Porta, et son neveu Guglielmo, qui devint élève de Michel-Ange et le sculpteur favori du pape Paul III, ont commencé les travaux de décoration tant de l'entrée et de la clôture de la chapelle que du tabernacle de la châsse; mais c'est à Matteo Civitali (1435-1501) que celui-ci doit son importance. Civitali était un Luquois qui fit son éducation à Florence, dont le Bargello possède une charmante figure de la Foi, d'un excellent sentiment religieux et dans le style des quattrocentistes les plus gracieux.

Lorsqu'il travailla à Gênes, en 1490, Civitali avait prodigieusement changé sa manière; il avait donné plus de liberté aux mouvements et un jet plus hardi aux draperies de ses statues. Celles qu'il fit pour décorer la chapelle de Saint-Jean sortent de l'ordinaire, mais ne méritent pas une mention spéciale, non plus que les bas-reliefs, dont les figures ont des mouvements un peu bien accentués. Enfin une statue de la Vierge, que Andrea Centucci, dit le Sansovino (1460-1529), un Florentin de la dernière heure, exécuta en 1504, nous paraît la figure la plus remarquable de toutes celles qui distraient l'attention dans cette chapelle si ornée.

Nous sommes surtout venus à Gênes pour y voir une collection qui est à vendre. Je n'en parlerai point ; mais il m'est impossible de ne point dire un mot de la villa qui la renferme. Qu'on se figure un cottage d'une architecture hybride, moitié gothique anglais, moitié italien moderne, bâti au milieu d'un jardin africain, sur l'extrémité du promontoire qui ferme au sud le port de Gênes. Devant le cabinet communiquant par un vitrage avec une large verendah, s'étend un parterre fleuri, au milieu duquel un filet d'eau jaillit dans un bassin. Un mur clôt ce parterre sur la droite, brusquement interrompu par le réseau d'une fenêtre gothique en ruines, au-delà de laquelle il se prolonge à hauteur d'appui. Le grand môle, le phare et le port, avec le mouvement des navires qui arrivent et qui partent, s'aperçoit par-dessus, tandis que le mur où s'accrochent les plantes grimpantes, cache la ville qui, avec son amphithéâtre de montagnes, se découvre lorsqu'on avance vers la gauche.

Du salon on aperçoit la pleine mer. Des palmiers de tout genre et de tout feuillage et des arbres toujours verts forment les massifs. A travers les grottes taillées dans la roche, des escaliers descendent dans un jardin inférieur : terrasse étroite où s'alignent les orangers en avant des citronniers en espalier. Au-dessous, une route en corniche longe la mer, qui bat la falaise, dont l'escarpement tombe à pic dans ses flots. Il semble que de la terrasse on pourrait y jeter une pierre.

A cette vue splendide et variée, ajoutez le luxe des fleurs, le soin que les Anglais apportent dans tous les détails de leur installation et l'éclat d'une belle journée, tandis que l'on sait que l'hiver sévit où l'on va retourner. En se promenant dans les jardins de la villa Mylius, on se prend à fredonner involontairement la chanson de Mignon.

Une enceinte sur laquelle s'étend une terrasse enveloppe le port et le cache aux étages inférieurs des maisons qui le bordaient jadis. Sauf quelques hôtels installés à l'une des extrémités, tant bien que mal, dans d'anciens palais disloqués, ces maisons sont pauvrement habitées, à en juger par les haillons radieux qui sèchent aux fenêtres. Une galerie basse, au rez-de-chaussée, soutient les façades, et derrière elle se creusent, en un enfoncement profond et sombre, des cavernes où des marchandises peu avenantes et des cabarets sinistres s'offrent aux matelots de tous pays qui fréquentent le premier port de l'Italie.

Gênes, en somme, est loin d'être une cité de palais et de marbre.

Turin.

Une soirée nous avait fait passer de l'hiver à l'été: une autre soirée nous ramène en hiver par une plus brusque transition; car, s'il ne gèle pas à Turin, il y fait certainement plus froid qu'à Milan.

Turin est une belle ville, dont les rues alignées au cordeau divisent les groupes de maisons en échiquier, mais elle doit être passablement ennuyeuse. Aussi concevons-nous que les rois de Piémont qui des fenêtres de leur palais et d'un coup d'œil circulaire pouvaient, dans deux directions différentes, traverser leur capitale dans toute sa longueur, y voyant l'image de leur royaume, aient voulu agrandir celui-ci et conquérir une résidence moins correctement monotone.

Aussi c'est une ville à la physionomie politique en ce sens que cette dernière s'impose par le nom des rues, des boulevards et des places, ainsi que par les statues qui se dressent au centre de ces dernières, bordées de monuments qui ne doivent pas remonter au-delà du siècle dernier, s'ils n'appartiennent pas à celui-ci.

Là c'est la statue équestre d'Emmanuel Philibert, de Marochetti, que dans notre jeunesse nous avons vue exposée dans la cour du Louvre. Elle est d'une allure originale et d'un mouvement bien senti. Cependant le bras de la main qui remet l'épée au fourreau, tandis que l'autre arrête le cheval sur ses jarrets, traversant la figure, cache le visage lorsque l'on regarde la statue de face et la rend incompréhensible. C'est plutôt l'œuvre d'un cavalier que d'un statuaire.

C'est la statue pédestre de Charles-Albert entourée de figures allégoriques par le même Marochetti.

C'est celle de Cavour, celle du « Soldat piémontais» donnée par les citoyens de Milan à la ville de Turin, c'est... il y en a une demi-douzaine encore, de princes, de politiques et même de gens illustres, comme le mathématicien Lagrange. Jamais nous n'avons vu tant de statues dans une ville relativement si petite.

La grande curiosité de Turin est l'*armeria reale* qui occupe une aile du palais royal. Le roi Charles-Albert la forma par la réunion d'armes et d'armures appartenant déjà à l'État, auxquelles il ajouta quelques acquisitions.

Cette collection est très bien installée dans un salon et dans une galerie pompeusement décorée au dix-huitième siècle. Les armures complètes sont montées sur des mannequins, les cavaliers étant sur des chevaux. Nous n'affirmerons pas que l'armure du cheval correspond toujours à celle du cavalier, ni que tout soit d'une valeur insigne.

Les pièces détachées et les armes offensives ou défensives sont exposées dans des vitrines fort bien installées entre les fenêtres. C'est parmi elles que se trouve ce que le musée possède de plus fin et de plus rare.

L'arme la plus ancienne, mais non la plus remarquée, est la prétendue épée de Saint-Maurice donnée à Emmanuel-Philibert par les religieux de l'abbaye de Saint-Maurice-d'Agaune, qui la considéraient comme celle du chef de la légion Thébéenne, leur patron.

Cette épée très simple, à pommeau et à garde de fer, est du treizième siècle et possède encore son fourreau de cuir, rareté insigne. Au quinzième siècle, on protégea cette relique par un écrin de cuir ciselé et peint par parties, qui est d'un grand luxe d'exécution et une rareté lui-même.

Non loin de cette épée, on admire un bouclier ovale en acier repoussé d'un sujet de la fable au seizième siècle, que l'on attribue naturellement à Benvenuto Cellini, et qui est une œuvre fort belle. Une ou deux épées à poignée en fer ciselé, sur fond doré du même temps, sont aussi à citer, surtout pour leur richesse, ainsi qu'un égal nombre de langues-de-bœuf.

Les collectionneurs appellent ainsi des dagues dont la lame à nervures, très large au talon, est généralement gravée de sujets de la fable dorés en plein, et munie d'une simple poignée plate en ivoire d'une forme particulière. Elles sont du quinzième siècle, et on les dit fabriquées à Venise. Elles ont, en effet, une certaine physionomie orientale.

Nous en rapprocherons une dague à rouelle dont la poignée est formée d'une spirale d'ivoire découpée à jour.

Une poignée d'épée très simple, en bronze, à pommeau discoïde, dont une face doit représenter le *Jugement de Pâris*, sujet cher aux armuriers italiens de la Renaissance, est une œuvre du quinzième siècle, remarquable par l'élégance de la forme, la sobriété de la décoration, un goût sévère enfin qu'on ne devrait jamais négliger lorsqu'il s'agit d'une arme.

Plusieurs carabines du seizième siècle, à la batterie et au canon ciselés, damasquinés et dorés, à monture incrustée d'ivoire, avec quelques pièces détachées, méritent qu'on les étudie, plutôt que les armures complètes, qui présentent peu d'intérêt en général pour l'histoire de l'armurerie dé-

fensive, la plupart appartenant à l'époque
où celle-ci commençait à devenir inutile.

Nous en excepterons cependant une belle
armure complète du quinzième siècle, avec
solerets à poulaine, qui, par la rectitude
de ses formes, la perfection de ses ajuste-
ments, la beauté de son exécution qui a
laissé à l'acier toute sa sévérité, est certes
l'œuvre d'un artiste. Sous l'armure on devine l'homme.

Parmi les pièces détachées, nous noterons
encore ici, à cause de la richesse de leur
décor, deux armets de parade, en acier
repoussé, ciselé, damasquiné, et incrusté
d'or et d'argent, d'un dessin fort large et
d'un grand goût.

L'*armeria reale* communique avec le palais par un cabinet où sont conservées les
figures antiques en bronze d'une composition si singulière que l'on trouve en Sar-
daigne. On dirait les imaginations d'un
fou. A quelle religion, à quel temps cela
appartient-il? Quels symboles ou quelles
divinités cela représente-t-il? Je n'en sais
rien, et j'ignore si quelqu'un le sait.

Sauf ce cabinet et un petit salon à côté
qui est meublé en laque, les salles du palais,
que l'on fait visiter aux étrangers, sont parfaitement insignifiantes. Leur décoration et
leur mobilier appartiennent au commencement du siècle, et c'est tout dire.

La salle des Gardes est tendue cependant
de tapisseries intéressantes pour l'histoire
de cet art en Italie. Elles sont de Turin,
en effet, et de la fin du siècle dernier et
des premières années de celui-ci. L'une est
signée: *Manifattura reale di Torino*, a. 1792.

BRUNO; — l'autre : F. R. DI TORINO, 1802. BRUNO.

L'exécution faite à trois ou quatre couleurs seulement, dans les carnations qui ont noirci et dans les draperies qui ont jauni, est un peu molle. Les bordures, suivant le système adopté en France pendant la seconde moitié du dix-huitième siècle, sont des imitations libres de bois doré.

Au Museo civico — musée d'antiquités du moyen-âge et de la Renaissance, en voie de formation — je retrouve d'autres tapisseries. Ce sont des portières aux armes de Savoie et du dix-huitième siècle, dont elles ont toute la désinvolture dans leur composition. Leur exécution est suffisante.

Une autre tapisserie doit avoir été fabriquée à Parme, suivant et malgré cette inscription que j'y relève : STATO TRAPUNTO IN PARMA. *Trapuntare*, en effet, veut dire broder à l'aiguille, mais je puis affirmer qu'il ne s'agit point d'une broderie. Cette tapisserie servait de dossier au lit où est né Victor-Emmanuel II, dans le palais Carignan. Un sujet antique, composé dans le genre de Van-Loo, est compris dans un encadrement fort important imitant le bois doré, combiné avec un écusson en camaïeu, une femme et des enfants soutenant des guirlandes de fleurs. L'exécution en est fort simple, les carnations étant faites à l'aide de quatre couleurs seulement, et les colorations rappellent celles des tapisseries flamandes.

C'est de Flandres, en effet, que, du quinzième au dix-huitième siècle, sont venus tous les artisans qui ont travaillé dans les ateliers que les princes italiens fondaient successivement à Mantoue, à Ferrare, à Florence, à Venise, à Rome, à Parme, comme je crois le voir, et définitivement à Turin.

D'autres tapisseries existent dans les magasins du palais. Mais il est dimanche et je ne puis les voir.

M. le marquis d'Azegho, qui est le conservateur du musée, y a exposé sa collection de verres dorés ou peints, composée d'un grand nombre de pièces de toutes les époques depuis les Romains, et de presque tous les pays. Cette collection commence par les fonds de coupe décorés d'un sujet en or gravé compris entre deux lames de verre, que l'on incrustait dans le scellement des tombes chrétiennes des catacombes. Les byzantins ont hérité ce procédé de décoration du verre, ainsi que le montrent quelques spécimens, et ils y ont mêlé les émaux coloriés. Les Grecs ont dû apporter ce procédé à Murano, le centre de la fabrication du verre dans la péninsule au moyen-âge, car les Italiens l'ont repris à l'époque de Giotto et se sont plu à décorer des plaques de verre de dimensions assez grandes de sujets religieux d'un excellent dessin et très finement gravés. A cette époque, l'or est seul employé. Cette décoration est encore protégée par une seconde lame de verre soudée au feu : mais lorsque plus tard on fit intervenir des couleurs, afin de donner plus de variété à la composition, il ne fut plus possible de soumettre la pièce à la haute température nécessaire pour ramollir le verre, et les couleurs ainsi que l'or appliqués derrière la feuille furent protégés par une sorte de mastic noir probablement fixé au four.

Lorsque arrive la Renaissance, la France et l'Allemagne s'emparent de ce genre de décor et le développent, si c'est le développer que de l'employer à une imagerie mal dessinée et de colorations criardes, comme ont fini par le faire les Allemands. Avec eux, au dix-septième siècle, cet art décoratif, qui est si sobre dans les catacombes, si exquis en Italie au quatorzième siècle, devient l'équivalent de l'affreuse potichomanie qui a sévi chez nous il y a une vingtaine d'années, et que l'on réinvente de temps en temps.

Puisque nous nous occupons du verre, ne le quittons pas pour toucher un point dont la solution se trouve à Turin, suivant les auteurs spéciaux.

On a beaucoup discuté pour savoir si les anciens avaient connu les miroirs en verre rendu réfléchissant au moyen d'une préparation. On a fait dire oui à Aristote, qui n'en a jamais parlé, et l'on a indiqué comme spécimen un miroir qui se trouve dans le musée égyptien de Turin, musée des plus riches, formé en Egypte par un de nos consuls, et que le gouvernement de la Restauration refusa d'acquérir.

A-t-on dit que le miroir fût égyptien ? Je ne me le rappelle pas. En tous cas, je l'avais vainement cherché et demandé aux gardiens, lorsque j'ai découvert dans une vitrine garnie d'antiquités grecques une statuette de Vénus en terre cuite, debout près d'une sorte de cippe, où est incrusté un petit morceau de verre à surface convexe qui semble doublé d'une plaque métallique noire, qui lui donne un faible pouvoir réfléchissant. C'est du moins ce que j'ai

aperçu à travers la glace de la vitrine. Une
garniture de mastic, assez brutalement ap-
pliquée, maintient en place cette espèce de
miroir si singulièrement placé.

Mais à quelle époque, où et comment cela
a-t-il été ajouté à la statuette, qui est d'ailleurs fort grossière, moulée en une coquille
presque fruste, avec appliques de pastillage
pour figurer les perles d'un collier et rehauts de filets de peinture noire pour figurer les yeux ?

Cette statuette, que ne semblent pas connaître les savants qui s'occupent des antiquités grecques, mériterait d'être étudiée
de près, afin qu'elle pût dire le mot de l'é-
nigme qu'elle pose. En tout cas, sa forme
exclut l'idée d'un miroir, car l'usage en eût
été fort incommode si les dimensions restreintes de la surface réfléchissante eussent permis de s'en servir.

Après cette excursion dans le musée
égyptien, je reviens au *Museo civico*, qui
est plus de ma compétence, afin d'en indiquer les principales richesses.

Les émaux champlevés limousins du
treizième siècle sont assez nombreux; ils
consistent en onze plaques d'ornement,
deux chandeliers, deux croix et un crucifix. Avec eux est exposée une croix italienne du quatorzième siècle, décorée
d'émaux italiens champlevés, qui en diffè-
rent par le dessin d'abord, puis par la couleur et par l'emploi de l'émail.

Nos émaux peints du seizième siècle, si
recherchés aujourd'hui, sont peu nombreux. Je citerai une coupe représentant la
mésaventure arrivée à ce pauvre Absalon
pour avoir porté des cheveux trop longs,

par Couly Nouailher; un coffret à sujets
de chasse, de Pierre Raymond, et une plaque ovale sur laquelle Jean III Penicaud
a figuré de sa main alerte la tragique mort
de Laocoon. Je passe sous silence les
Laudin, si froids dans la correction de
leur exécution soignée.

Un petit flabellum à manche de cuir
ciselé, représentant un dragon de la fin du
treizième siècle, est une curiosité à noter.

Les ivoires sont, pour la plupart, italiens, et ceux du moyen-âge consistent en
rétables et en coffrets. On sait qu'ils sont
formés d'une réunion de plaques de dimensions restreintes, en os fort probablement,
sculptés de personnages et assemblés dans
une monture de bois souvent marqueté.

Florence paraît avoir été un centre de
cette fabrication, à en juger par un grand
rétable de la Chartreuse de Pavie, d'une
exécution assez remarquable, et attribuée
à Bernardo Degli Ubbriacchi, Florentin du
quatorzième siècle.

Ces ivoires sont de style complétement
différent des ivoires français contemporains, et nous ne nous expliquons pas que
l'on ait parfois attribué à des imagiers
d'au-delà des Alpes des pièces que peuvent
revendiquer sans conteste ceux de Paris ou
de l'Ile-de-France.

Nous signalerons, à titre de curiosité,
deux groupes considérables, de vraies
scènes en relief, représentant : l'un, *le Ju-*
gement de Salomon; l'autre, *le Sacrifice*
d'Abraham, par un moine bavarois, Simon
Troger d'Haïdshausen, qui a daté l'un de
1741; puis une sorte de tableau en bois

de plusieurs essences, monument où l'architecture et l'ornement dominent, représentant *le Triomphe de la Paix*, exécuté de
1720 à 1744, par Giuseppe-Maria Bonsanigo,
d'Asti, qui travaillait à Turin.

Les meubles sont peu nombreux, mais
parmi les débris provenant de quelques édifices religieux, il faut noter l'ensemble des
stalles de l'abbaye de Staffarda, qui sont
du quinzième siècle et exécutées dans un
style gothique très influencé d'allemand.

La ferronnerie, parmi un nombre peu
considérable de pièces, possède plusieurs
plaques de coffret en acier repoussé et damasquiné avec un grand goût au seizième
siècle, à côté desquelles est placé un casque
de bronze, absolument semblable à ceux
du musée de Falaise, qui ont été trouvés
aux environs de cette ville. Si celui du musée de Turin provient de trouvailles faites
au Piémont, faut-il l'attribuer à l'un des
Gaulois qui s'en allèrent assiéger le Capi-
tole, puisqu'on prétend gauloises les coif-
fures militaires trouvées en Basse-Norman-
die?

La céramique italienne n'est en aucune
façon représentée pour les grandes époques
du quinzième et du seizième siècle, mais
elle l'est abondamment pour le dix-septième
et le dix-huitième. Les pièces à décor bleu
de Savone se rattachent encore à l'ancienne
tradition; mais tout ce qui est sorti des
autres centres qui ont continué de travailler,
en s'efforçant d'imiter les porcelaines de la
Chine, présente une grande analogie avec
nos produits français de Marseille ou de
Strasbourg.

La série exposée au *Museo civico* est très abondante et très variée, touche à l'époque contemporaine, et mériterait une étude de la part de ceux qui veulent bien descendre jusqu'à s'occuper des œuvres de décadence.

Les savants italiens s'inquiètent d'ailleurs aujourd'hui de toutes les époques de la céramique de leur pays, et, mieux informés que leurs devanciers, que le patriotisme local aveuglait parfois, ils s'appliquent à ne nous donner que des renseignements authentiques puisés dans les documents contemporains.

L'art de la faïence, qui s'est introduit tardivement à Turin, vers la fin du seizième siècle, vient aussi d'y avoir son historien tardif; quelques pièces du *Museo civico*, tant de faïence que de porcelaine, servent de commentaire visible aux renseignements qu'il fournit.

Nous en avons fini avec Turin, car son musée de tableaux, même dans la « salle des chefs-d'œuvre » n'a rien laissé qui soit resté dans notre souvenir.

Nous en avons également fini avec l'Italie, du moins avec ce qu'il nous a été donné d'en voir pendant notre trop rapide excursion.

Je repasse au retour par les sites alpestres dont j'ai déjà admiré la magnificence; et si je les vois dans une autre succession de perspectives, je les vois aussi à une autre heure, la nuit me reprenant où elle m'avait quitté lorsque je suis venu,

Je croyais n'avoir plus affaire à l'Italie, que dans mes souvenirs, lorsqu'elle s'est rappelée à moi d'une façon assez originale au buffet de Mâcon. Toute la monnaie que l'on m'y rendit lorsque j'y payai mon souper était en argent italien. C'était le premier et par conséquent le seul qu'il m'ait été donné de voir pendant tout mon voyage. Partout j'ai payé en or et l'on m'a rendu en papier, avec appoint de monnaie de bronze lorsque la somme descendait au-dessous de 50 centimes. L'échange se faisait couramment sur le pied de 25 lires par pièce d'or, sauf dans les bureaux de chemin de fer. Aussi des changes sont-ils établis dans la gare même de Turin, où les étrangers qui arrivent doivent faire connaissance avec le papier italien et s'en débarrasser au retour.

Je traversais la forêt de Fontainebleau pendant la nuit qui a précédé le verglas qui lui a été si funeste et qui rendra cette nuit de janvier 1879 célèbre dans l'histoire de la météorologie. Aussi j'eus longtemps encore à regretter sous la neige et le froid, et dans la boue de Paris le pays où fleurit l'oranger.

FIN

TABLE DES MATIÈRES

www.ingramcontent.com/pod-product-compliance
Lightning Source LLC
Chambersburg PA
CBHW072017080426
42733CB00010B/1738